철학의 숲, 길을 열다

철학의 숲,
길을 열다

초판 인쇄 2012년 6월 8일 | 초판 발행 2012년 6월 15일
글 박일호·송하석·정재영·홍성기 | 펴낸이 홍석 | 기획위원 채희석 | 편집부장 이정은
책임편집 신관식 | 디자인 김명희 | 마케팅 홍성우·김정혜·김화영

펴낸 곳 도서출판 풀빛 | 등록 1979년 3월 6일 제8-24호
주소 120-818 서울특별시 서대문구 북아현동 177-5
전화 02-363-5995(영업), 02-362-8900(편집) | 팩스 02-393-3858
홈페이지 www.pulbit.co.kr | 전자우편 pulbitco@hanmail.net

ISBN 978-89-7474-454-0 03160

이 도서의 국립중앙도서관 출판시도서목록(CIP)은
e-CIP 홈페이지(http://www. nl.go.kr/ecip)에서 이용하실 수 있습니다. (CIP제어번호 : CIP2012002487)

철학의 숲,
길을 열다

박일호·송하석·정재영·홍성기 지음

풀빛

철학의 숲에서 길을 여는 방법

I

철학이 '만학의 제왕'으로 불리던 때가 있었다. 철학이 모든 학문의 모태가 된다는 자부심의 표현일까? 그런 의미도 있을 것이다. 그러나 이 말은 오랫동안 철학과 학문이 분리되지 않았다는 뜻으로 읽는 것이 좀 더 적절하다. 학문이 철학과 분리된 것은 근대 공간에서 발생한 하나의 사건이었다. 2011년에 출간된《철학의 숲, 길을 묻다》의 후속작인《철학의 숲, 길을 열다》는 개별 학문이 철학에서 떨어져 나온 근대 후기부터 지금 우리가 살고 있는 현대까지 철학자들의 사상을 묶었다.

《철학의 숲, 길을 열다》는 전작《철학의 숲, 길을 묻다》와 마찬가지로 저자들이 '네이버 캐스트'에 연재했던 '철학의 숲'에 기고한 원고를 토대로 했다. 따라서 철학의 숲을 산책하고자 저자들이 집필의 제일 원칙으로 삼았던, '시대를 달리하는 철학자들이 제기한 중심 질문과 그들이 제시한 핵심 답변을 기본 축으로 철학의 문제를 기술'했다는 점은《철학의 숲, 길을 묻다》와 동일하다. 문제 중심의 서술 방식을 위주로 했지만, 구성 방식에서는 시대 순으로 생각의 역사를 탐사했다는 점, 딱딱한 개념을 앞세우지 않고 인물 중심으로 철학의 역사를 풀어나갔다는 점 역시 같다.

　그러나 이번에 우리가 살펴볼 철학의 숲은 전작과 사뭇 다른 지형이다. 고대에서 근대 전기까지《철학의 숲, 길을 묻다》에서 우리가 거닐었던 철학의 숲에서 철학은 '만학의 제왕'이었다. 철학은 곧 학문이었고, 이 세상의 모든 학문을 총체적으로 부르는 이름이 철학이었다. 우리가 산책했던 '철학의 길'은 동시에 '학문의 길'이었고, 또 '과학의 길'이었다. 철학사에서 '철학의 아버지'인 탈레스가 과학사에서는 '과학의 아버지'라고 불리는 이유가 여기에 있다. 이러한 철학과 학문의 동행은 근대 초기까지 그대로 이어진다. 그래서 '근대철학의 아버지' 데카르트는 '근대수학의 아버지'라는 두 개의 타이틀이 있고, 근대과학을 정립한 갈릴레이와 뉴턴은 자신의 탐구 학문 분야를 '자연철학'이라고 불렀다.

근대 후기에서 현대까지의 철학적 사유를 다루는《철학의 숲, 길을 열다》에서 우리가 걷게 될 철학의 숲에는 하나의 외길만 있는 것이 아니다. 비유해 말하면, 철학의 길에 새로운 분과 학문으로 가는 길이 분기했다고 할까? 근대적 의미의 물리학과 화학 그리고 생물학 등 자연과학이 그렇고, 근대적 의미의 정치학과 경제학 그리고 사회학 등이 또한 그렇다. 자연과 사회 그리고 인간을 탐구하는 넓은 의미로서의 과학이 새로 닦은 길은 철학의 숲에서 일어난 일대 사건이었다.

그렇다면 이런 물음을 피할 수 없다. 지형이 확 바뀐 철학의 숲에서 우리는 어떻게 길을 찾을까? 아니, 그 숲을 계속 산책할 이유가 과연 있는가? 내친 김에 한마디만 더 물어보자. 도대체 철학의 숲에

산책할 길이 있기나 한가?

Ⅱ

《철학의 숲, 길을 열다》가 이 질문에 대한 작은 단서를 제공하기를 저자들은 희망한다. 우리가 이 책에서 살펴볼 인물들은 철학이라는 이름의 숲에서 새로운 길을 낸 사상가들이다. 그중에는 철학의 길을 새롭게 닦은 전통적 의미의 철학자로 불리는 인물도 있지만, 새로운 분과 학문의 길을 개척한 인물도 있다. 예를 들어 애덤 스미스는 당시에는 대학에서 도덕철학을 가르친 철학자였지만, 지금은 경제학의 길을 새로 낸 경제학의 창립자(founding father)로 분류되며, 막스 베버는 사회학이라는 새로운 길을 낸 인물 중의 한 명이고, 알베르트 아인슈타인은 현대물리학의 길을 새롭게 연 인물이다. 그런가 하면 분과 학문이라는 정형화된 틀을 넘어 새로운 사고의 지평을 개척한 인물도 포함되어 있다. 대표적으로 찰스 다윈과 카를 마르크스는 생물학과 정치경제학의 영역을 뛰어넘어 여러 학문 분야에 영향을 준 사상가라고 할 수 있다.

　이러한 독창적 사상가들이 학문의 일가를 이루어 독립할 수 있었던 지적 자양분은 '철학의 숲'이 제공한 것이다. 그들이 새로운 길을 개척한 것은 어느 날 아침에 하늘에서 뚝 떨어진 것이 아니다. 스미스는 인간의 본성을 경험적으로 관찰하는 과정에서 시장 메커니즘의 원리를 발견했으며, 베버는 인간의 이해(verstehen)를 토대로 사회 현상을 바라보는 새로운 시각을 제공했고, 아인슈타인은 시간과 공간의 절대성을 의심하는 과정에서 자연을 이해하는 새로운 이론 틀을 세웠다. 이 책에 등장하는 21명의 사상가들이 새로운 분과 학문을 개척했든, 또는 인간과 사회 그리고 자연을 이해하는 새로운 시각을 제공했든, 또는 기존의 철학적 사유를 더 깊고 더 풍성하게 가꾸었든, 그들이 개척한 새로운 길은 철학의 숲에서 분기한 것이다. 그리고 그 분기점이 시작되는 곳은 어떻게 보면 어린아이의 질문처럼 아주 소박한 질문에서 비롯되는 경우가 대부분이다.

　어린아이의 질문은 엉뚱해 보이지만 매우 근본적이다. 위대한 생각도 그렇다. 매우 복잡하고 난해한 이론 체계도 그 시작점은 아주 간단한 물음에서 시작한다. 새롭게 길을 낸 이들의 첫 질문은 소박하다 못해 엉뚱하게도 들린다. 그들은 묻는다. 시간은 왜 우리 밖에 있는가? 시간이 흐르면서 인류 역사는 진보하는가? 시간은 꼭 앞으로만 흐르는가? 엉뚱하게 들리는 이러한 생각들이 때로는 새로운 길을 만든다. 우리는 이러한 어린아이처럼 소박한 생각을 근본적 사유라고 부르기도 한다. 근본적 사유는 누구나 당연하게 여기는 사유의 토대를 다시 두들긴다. 이제 만족할 만한 답이 나왔는가 하면, 어린아이는 또 다시 "왜?" 하는 물음을 던진다. 근본적인 것을 캐묻는 물음에 끝이 있을까? 철학의 숲에서 새롭게 분기한 길이 계속 나타나는데도, 또 새로운 길이 열리는 것은 근본적인 사유에는 마침표가 없기 때문이다.

저자들은 이 책에 소개된 21명의 인물이 낸 새로운 길에 그럴듯한 이름이 붙었든, 그렇지 않든 간에 그들이 새롭게 개척한 생각의 길에서 그들의 근본적 사유를 읽기를 희망한다. 그때 그들이 새롭게 개척한 길에 대한 이해의 지평이 넓어지며, 또 우리가 새롭게 개척할 길에 대한 지평을 확보하는 것이기도 하다.

III

물론 근본적 사유가 성공적으로 새 길을 개척하는 필요충분조건은 아니다. 새 길을 닦는 데는 종합적 사유를 필요로 한다. 하나의 사건, 하나의 사태를 이해하려면 전체를 조망해야 한다. 비유해 말하면, 철학의 숲에서는 때 묻지 않은 어린아이의 눈처럼 근본적 사유도 요청되지만, 성숙한 어른의 눈처럼 전체를 바라보는 종합적 사유도 요청된다.

이 책에 소개된 21명의 인물은 한편으로는 맑은 어린아이의 눈으로 세계를 근본적으로 바라본 독창적 사상가이기도 하지만, 다른 한편으로는 성숙한 어른의 눈으로 세계를 종합적으로 숙고하는 경륜을 갖춘 사상가이기도 하다. 예를 들어, 임마누엘 칸트는 세상을 보는 방식을 그 자신의 표현대로 코페르니쿠스적으로 바꾼 독창적 철학자이지만, 동시에 합리주의적 전통과 경험주의적 전통을 하나로 종합한 대가이다. 게오르크 헤겔은 변증법이라는 정신과 세계 그리고 역사의 원리를 정초한 독창적 철학자이면서, 또한 그 틀로 모든 학문 체계를 종합한 인물이기도 하다. 카를 마르크스의 사상은 영국의 정치경제학과 프랑스의 사회사상 그리고 독일철학이 절묘하게 배합되어 있으며, 고틀로프 프레게와 버트런드 러셀 그리고 루트비히 비트겐슈타인은 수리 체계로 세계의 원리를 정초하고자 한 야심적인 종합 설계도가 있었다.

종합적 사유는 철학의 숲에서 좀 더 체계적인 학문의 길을 내고자 하는 모든 위대한 사상가의 기본 덕목이다. 그리고 그들이 철학의 숲에서 새로운 길을 개척한 성공 요인은 바로 탄탄한 이론 체계를 갖추었기 때문이다.

근본적 사유와 종합적 사유는 철학의 숲을 비옥하게 하는 두 요소이면서, 또한 동시에 철학의 길에서 새로운 학문의 길을 내는 두 갈래 흐름이기도 하다. 그래서 저자들은 독자들에게 철학의 숲에서 길을 물을 때, 한편으로는 그들이 제기한 물음을 간결한 형식으로 정리하면서, 또 다른 한편으로는 그들이 제시한 길이 어떻게 설득력 있게 제시되었는지 살을 보태가며 《철학의 숲, 길을 열다》를 읽을 것을 권하고 싶다. 이것을 달리 말한다면, 위대한 사상가들이 전하고자 하는 메시지가 과연 무엇인가를 찾고, 그 메시지를 어떠한 설득 구조로 담고 있는가를 살펴보는 것이다. 물론 근본적 사유와 종합적 사유는 칼로 무 자르듯이 갈라지지 않는다. 근본적 사유와 종합적 사유는 항상 동행하는 것이며, 그런 점에서 철학적 사유의 양면이라고 보는 편이 더 적절하다.

저자들은 《철학의 숲, 길을 묻다》와 《철학의 숲, 길을 열다》에서 우리가 소개한 인물들이 철학의 전체 역사를 통해 새로운 길을 제시한 모든 사상을 망라했다고 생각하지 않는다. 여러 가지 사정으로 독자들이 다루어지기를 원하던 사상가가 빠졌을 수도 있고, 다루어진 사상가 중에서도 충분한 설명을 담지 못한 아쉬움이 클 수도 있다. 저자들은 이러한 미진한 대목, 아쉬운 대목을 독자 여러분이 채위 주기를 진심으로 바란다.

IV

덜 채워진 부분을 채울 때, 항상 우리에게 요청되는 대목은 성찰적 사유다. 성찰적 사유는 철학의 숲에서 만나는 인물들에게서나, 그들을 만나는 우리에게서나 반드시 갖추어야 할 철학적 사유의 본령에 해당한다. 덧붙여 말하면 성찰적 사유는 우리가 왜 아직도 철학의 숲을 계속 산책하고, 또 철학의 숲을 계속 산책할 수 있는가 하는 우리가 서두에서 제기한 질문에 대한 답을 제공한다.

성찰적 사유는 자신을 되돌아보는 반성적 사유이며, 세상을 향해 던진 질문이 자기 자신에게 되돌아오는 재귀적 사유이기도 하다. 그리고 무엇보다 성찰적 사유의 주체는 이 책에서 소개하고 있는 사상가들의 몫으로만 떠넘길 것이 아니라, 이 책을 읽는 독자들 스스로가 감당해야 할 몫이기도 하다.

성찰은 기본적으로 열린 사유를 전제로 한다. 만약 성찰이 닫혀 있다면, 그것은 쌍방향으로 열린 길이 아니라 한 방향으로만 열린 길이다. 철학의 숲에서 분기한 길 중에서는 한 방향으로 향한 길이 있다. 그 길은 시작점과 종착점이 분명하며, 그 길을 가는 이에게 분명한 안내 표지를 제공한다. 어디로 향해 나아가는 길인지, 무슨 용도로 뚫린 길인지, 어떤 기준에 따라 달려야 하는 것인지 모든 것이 명확한 것이 이러한 길의 큰 미덕이다. 우리는 미리 정해진 도로 설계의 기준에 맞추어 그 길을 달리면 된다. 어떤 종류의 지식은 이런 길을 달려서 획득된다.

성찰적 사유는 닫힌 구조에서는 일어나지 않는다. 뒤집어 말하면, 성찰적 사유는 열린 구조를 지향한다. 성찰은 미리 규정된 궤도를 따라서 움직이지 않는다. 그래서 성찰은 끊임없이 되묻고 간단없이 반성한다. 비유해 말하면, 성찰적 사유는 시작점과 종착점도 없고, 그 길을 걷는 이에게 명확한 안내 표지가 제공되는 경우도 드물다. 우리가 그 길을 걷는 목표는 구체적이지 않고 추상적이며 때로 그 목표가 자기 수정되기도 한다. 그것은 끝없는 구도의 길 같은 것인지도 모른다. 성찰적 사유는 바로 이런 길을 산책하면서 획득된다.

철학의 숲에 난 길은 '성찰의 길' 같은 것이 아닐까? 성찰은 근본적 사유를 바탕으로 하며, 종합적 사유를 요청한다. 또 필요에 따라서는 속도를 높여서 달릴 수 있는 새로운 길을 열기도 한다. 마치 화전민이 숲에 불을 질러 밭을 만들려고 길을 내듯이. 그러나 설사 새로운 길이 뚫렸다고 철학의 숲에 난 길이 사라지는 것은 아니다. 우리가 성찰적 사유를 하는 한 그 길은 계속 이어진다. 그 길을 걷는 한 성찰적 사유는 계속 요청된다. 때로 철학의 길은 막혀 있는 것처럼 보인다. 통로가 막힌 길, 그런 상태를 일찍이 아리스토텔레스는 '아포리아(aporia)'라고 불렀다. 그는 철학이 바로 그런 아포리아의 놀라움에서 시작된다고 말했다. 역설적으로 철학의 숲은 통로가 막힌 아포리아의 해법을 찾아 떠나는 길인지도 모른다. 그 해법을 얻고자 우리는 오늘도 철학의 숲을 걷는다.

2012년 6월 정재영

2부 | 현대의 철학자

우리 시대가 직면한 아포리아의 해법을 찾아서

1부
근대의 철학자

새로운 세계,
　　　새로운 성찰

근대의 기획자들은 옛 질서를 허물고 새 시대를 열겠다는 같은 꿈을 꾸었다. 그러나 그들이 그린 근대의 꿈은 서로 달랐다. 그래서 근대의 한복판(High Modernity)에는 근대 기획자들이 꿈꾼 서로 다른 근대의 설계도가 어지럽게 난무했다. 그들이 설계한 새로운 세계의 꿈이 현실화된 것은 근대에서 일어난 하나의 사건이었다.

장 자크 루소의 사상은 프랑스혁명의 설계도 역할을 했고, 애덤 스미스의 사상은 근대 시장경제 체제를 작동하는 원리가 되었다. 근대 계몽주의의 정점을 찍은 임마누엘 칸트에 이르러서 학문의 원리와 도덕의 원리는 새 시대의 원리로서 안정적인 틀이 마련되었다. 칸트가 규정한 대로 근대는 '계몽의 시대'였으며, '이성의 시대'였다. 근대는 이성으로서 미몽을 깨뜨려 계몽으로 나아가는 시대였다. "사파레 아우데(Sapare aude)!" 칸트가 한마디로 요약한 이 근대정신에는 "아는 것을 두려워하지 말라"라는 그 뜻대로 그 누구에게도 의존하지 않고, 그 어떤 권위에도 기대지 않고, 깨어 있는 이성을 사용하겠다는 근대인의 자신감이 그대로 묻어난다. 우리는 근대의 한복판에 미몽을 깨뜨리라는 근대 사상가들의 사자후에서 혁명을 예감한다. 구질서를 무너뜨리고 근대의 새 질서를 세운 영국의 명예혁명(1688)과 미국의 독립혁명(1776) 그리고 프랑스혁명(1789)의 정신을 읽으려면 우선 계몽시대 한복판의 철학자와 접해야 한다.

인간의 자유와 평등 그리고 형제애가 구현되는 새로운 질서가 일회성 혁명으로 가능하다고 믿었다면 그것은 너무 순진한 것이다. 인간의 꿈을 실현하는 이상향은 멀리는 고대의 플라톤이 《국가》를 이야기할 때 언명한 것처럼, 그리고 근대 초기의 토머스 모어가 자신의 이상향을 '어디에도 없다'는 뜻을 가진 '유토피아'라고 이름을 붙인 것에서 나타난 것처럼 쉽게 세워지지 않는다. 이러한 이유로 계몽주의 시대의 칸트도 이 '미션 임파서블'에 도전하는 것을 두려워하지 말라고 요청한 것인지도 모른다.

절반의 성공으로 마감한 미완의 프랑스혁명 이후 19세기 유럽에서는 이상향을 향한 새로운 기획이 쏟아져 나왔다. 계몽의 정점이었던 18세기의 또 다른 이름이 '이성의 시대' 또는 '계몽의 시대'였다면, 19세기의 별칭은 '혁명의 시대', 또는 '이데올로기의 시대'였다. 인간과 사회 그리고 자연에 대한 거대 담론도 이 시대에 유난히 많이 쏟아져 나왔다.

칸트에서 시작한 독일관념론은 19세기에 게오르크 헤겔과 아르투르 쇼펜하우어에 의해 각각 새롭게 쓰였다. 그들이 새로 작성한 기획물은 칸트가 사용한 철학 용어로 쓰였지만 그 의미는 전혀 다르다. 같은 벽돌을 사용해 쌓아 올린 집이 이렇게 다를 수도 있을까? 헤겔은 이성의 한계를 뛰어넘는 일을 결코 하지 말라는 칸트의 경고를 무시하고, 이성이 세계를 구성하고 역사를 실현해 마침내 절대정신을 구현하는 거대한 체계를 세웠다. 이성이 스스로 자신을 구현하는 이 원리가 헤겔의 트레이드 마크처럼 된 변증법이다. 이로써 헤겔은 역사와 세계 속의 이성을 새로운 세계를 세우는 주춧돌로 삼았다. 한편 쇼펜하우어는 칸트가 이성의 빛이 닿지 않는 미지의 영역으로 남겨놓은 '누메나(noumena)'를 인간의 삶을 관통하는 의지의 영역으로 해석했다. 쇼펜하우어에 따르면, 인간은 단지 이성의 이법에 따라 움직이는 것이 아니라 삶의 의지에 따라 움직이는 동물이다. 이로써 쇼펜하우어는 인간의 삶을 중심으로 철학의 문제를 새롭게 진단했다.

헤겔과 쇼펜하우어가 각각 다르게 해석한 이성의 또 다른 측면은 19세기 말에 등장한 카를 마르크스와 프리드리히 니체가 더 급진적으로 가다듬었다. 마르크스는 헤겔이 정초한 변증법의 원리를 받아들이되 변증법의 주체를 이성이 아니라 물질로 보았다. 마르크스가 보기에 헤겔의 변증법은 정신과 물질의 관계가 뒤바뀐, 그의 표현대로라면 물구나무서기 한 철학이었다. 마르크스는 영국의 정치경제학과 프랑스의 사회주의 사상을 헤겔의 변증법적 철학으로 종합해 새로운 이상향을 향한 설계도를 새로 썼다. 헤겔에서 마르크스로 이어지는 이상 사회를 향한 설계도는 역사와 사회적 성격이 크게 강조되었다. 헤겔의 기획이 그의 의도와는 상관없이 19세기 프로이센을 중심으로 한 독일 통일의 밑그림이 되었다면, 마르크스의 기획은 20세기 러시아와 동구 사회주의 국가의 기본 설계도가 되었다.

니체는 쇼펜하우어가 제기한 삶의 의지를 수용하면서도 쇼펜하우어 철학에서 드러난 염세적이고 부정적인 측면을 적극적이고 능동적인 니힐리즘(nihilism)으로 바꾸어 놓았다. 니체가 보기에 쇼펜하우어의 철학은 인간의 니힐리즘적 속성을 발견하기는 했지만, 그러한 인간의 모습을 뜨겁게 사랑하는 단계에는 미처 이르지 못한 '철저하지 못한 철학'이었다. 니체는 자신의 운명을 뜨겁게 사랑하는 초인을 통해 지난 시대의 인간을 보내버리고 새로운 유형의 인간을 맞이하고자 했다. 니체가 새로 기획한 철학은 20세기 들어 탈근대를 주장하는 철학적 전통의 시발점이 되었다.

헤겔과 마르크스가 사회에 대한 새로운 성찰을 제공했고, 쇼펜하우어와 니체가 인간에 대한 새로운 접근을 제공했다면, 찰스 다윈은 자연에 대한 새로운 해석을 제공했다. 다윈의 진화론적 세계에서 인간은 더 이상 자연세계의 중심이 아니다. 인간이 다른 생명체와 구분되는 근거로 이야기되는 이성은 신의 선물이 아니라, 인간중심주의적 사고의 표현에 지나지 않는다. 철학자가 아닌 과학자로 분류되는 찰스 다윈을 이 책에 포함한 것은, 다윈이 제기한 자연의 원리로서의 진화론은 단지 좁은 의미의 자연 세계에만 적용되는 원리가 아니라 사회 세계에 적용되는 사회진화론으로 그 외연을 넓혀가고 있기 때문이다.

다종다양한 이데올로기와 크고 작은 혁명으로 진통하고 있는 유럽 대륙의 국가와는 달리, 일찍이 명예혁명을 거쳐 사회를 안정시킨 영국에서는 개인의 올바른 삶의 원칙을 좀 더 실질적으로 논의했다. 상식을 존중하는 영국의 전통은 올바른 행위의 원리를 정초하는 데서도 그대로 나타난다. 누구나 쉽게 이해할 수 있는 '최대 다수의 최대 행복'으로 올바른 행위의 기준을 정하고, 난점이 나타나면 그 기준을 폐기 처분하고 새로운 기준을 제시하는 대신에 원칙은 그대로 두고 난점을 수선하는 방식이다. 공리주의가 지금까지 경쟁력 있는 행위의 원칙으로 통하는 것은 존 스튜어트 밀이 섬세하게 그 난점을 구석구석 찾아 보완했기 때문이다.

상식을 존중하는 영국이 경험주의를 탄생시켰다면, 실질을 중시하는 미국에서는 실용주의적 전통이 흐른다. 실용주의를 탄생시킨 찰스 샌더스 퍼스는 기호학의 창시자이기도 하다. 실용주의가 단순히 통속적인 삶의 처세술을 가리키는 이름이 아니듯이 기호학은 인간과 사회의 원리와 무관한 기호의 무의미한 배열이 아니다. 그것은 인간의 삶과 세계를 읽고 재구성하는 방식이다.

10인 10색. 근대의 독창적 사상가들은 인간과 사회 그리고 자연의 원리를 읽는 새로운 시선을 제공한다. 그들이 그린 이상적 인간과 이상적 세계는 여전히 현실 세계에서는 불가능한 기획일까?

Smith

"애덤 스미스"

경제 원리, 인간 본성에서 찾다 .... 정재영

애덤 스미스(Adam Smith, 1729~1790)는 경제학의 아버지로 불린다. 그가 쓴 《국부의 성격과 요인에 관한 연구(An Inquiry into the Nature and Causes of the Wealth of Nations)》에서 근대 경제학이 출범하기 때문이다. 보통 《국부론》으로 줄여서 불리는 이 기념비적인 저작은 1776년 출판된 이후 지금까지 경제학의 교과서 역할을 하고 있다. 그때문일까? 경제가 위기에 빠질 때마다 그의 이름은 당대의 뛰어난 경제학자들보다 더 자주 인용된다.

자연의 연구와 인간의 연구는 동일하다

정작 《국부론》에 '경제학'이라는 용어는 등장하지 않는다. 시장의 자기 통제를 강조한 표현인 '보이지 않는 손(invisible hand)'이라는 유명한 말도 단 한 차례 나올 뿐이다. 스미스 자신도 그를 경제학자라고 부르지 않았다. 그는 자신을 '도덕철학자(moral philosopher)'라고 생각했다. 스미스가 《국부론》에서 다루는 "한 나라의 부는 어떠한 질서 또는 원리에서 이루어지고 있는가?"라는 정치경제학(political economy) 질문도 그가 평생을 두고 연구한 도덕철학이라는 틀 안에서 조망했을 따름이다.

에든버러(Edinburgh)에 있는 그의 무덤에 새겨진 짤막한 비문이 이 점을 상징적으로 말해준다. "《도덕 감정론》과 《국부론》의 저자인 애덤 스미스가 여기에 잠들다." 도덕철학을 다룬 《도덕 감정론》이 그 유명한 《국부론》보다 앞자리를 차지한다. 도대체 그가 주장한 도덕철학이 무엇이기에?

나는 스미스가 말하는 도덕철학을 폭넓게 해석할 것을 요청한다. 오늘의 학문 분류에서 도덕철학은 윤리학과 비슷한 뜻으로 사용한다. 그러나 스미스가 살았던 18세기 영국에서 도덕철학은 자연철학(natural philosophy)과 대칭되는 의미로 사용되었다는 점을 눈여겨 살펴봐야 한다. 자연철학이 자연의 원리를 탐구하는 학문이라면, 도덕철학은 인간 사회의 원리를 탐구하는 학문을 통칭하는 이름이었다. 그렇다면 도덕철학은 오늘의 용어로 풀면 사회철학이라고 보는 편이 더 나을지도 모른다.

한 가지 점만 더 짚고 넘어가자. 18세기 영국인들은 도덕철학과 자연철학의 연구 방법이 동일하다고 믿었다. 그들은 인간의 본성(human nature)을 자연처럼 관찰했다. 뉴턴이 자연의 원리를 관찰로 성공적으로 밝혀낸 것처럼 인간에 있는 자연(인간 본성)의 원리를 관찰로 밝혀낼 수 있다고 그들은 믿었다. 이것은 영국 경험론 일반에 나타나는 경향이지만, 스코틀랜드 계몽주의(Scottish Enlightenment)의 두드러진 특징이기도 하다.

도덕철학의 토대 위에 씨를 뿌린 경제학

스미스는 20대 후반에서 30대 후반까지 글래스고(Glasgow) 대학에서 12년 동안 도덕철학을 강의했다. 그는 이 시절을 가장 소중했고 행복했으며 영예로운 시기라고 회고했다. 스미스의 도덕철학 강의를 들었던 한 학생의 기록에 따르면, 그의 도덕철학은 크게 네 부문으로 나뉜다. 자연신학(natural theology)과 윤리학, 법학 그리고 정치경제학이다. 오늘의 관점에서 보면 서로 어울릴 것 같지 않은 학문들이 도덕철학이라는 이름으로 한데 묶인 셈이다. 신학에서 정치경제학까지. 굳이 요즘 말로 표현한다면 학제

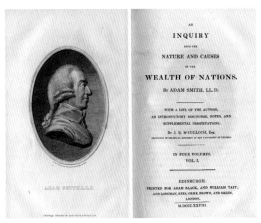

《국부론》의 표지

간(interdisciplinary) 연구라고 할 수 있을까?

우리는 그 당시 개별 학문이 각각의 독립적 체계를 갖추도록 분화하기 이전의 단계라는 점을 고려해야 한다. 스미스는 인간 사회의 경제 원리에만 관심을 가진 좁은 의미의 경제학자가 아니다. 그는 근대 사회의 구성 원리를 세우고자 한 사회철학자의 얼굴도 함께 지녔다. 스미스가 밝혀낸 경제 원리가 오늘까지 영향력을 끼치는 것은 그의 사상이 도덕철학의 원리에 뿌리를 깊게 내리고 있기 때문인지도 모른다.

이 점에 대해 20세기 경제학자 조지프 슘페터(Joseph Alois Schumpeter)의 스미스에 대한 평가가 하나의 단서를 제공한다. 슘페터는 스미스가 쓴 《국부론》이 매우 중요한 저작이라는 점은 인정하지만, 거기에

는 새로운 생각이나 원리, 또는 방법이 하나도 없다고 지적한다. 스미스는 단지 그 이전의 사상가, 스콜라 철학자부터 자연법 철학자 그리고 중농주의자와 중상주의자까지 여러 가지 원천에서 나온 방대한 자료를 유기적 원리 몇 가지로 엮어 하나의 체계를 만들었을 뿐이라고 분석한다. 슘페터는 《국부론》의 성공 요인에 대해 이런 말도 했다. 스미스의 분석은 깊지 못했기 때문에 일반 독자들이 이해하기 쉬웠고, 스미스의 주장은 모호했기 때문에 여러 가지로 해석이 가능해 역설적으로 많은 추종자를 거느릴 수 있었다는 것이다.

뒤집어 말하면, 바로 이 점이 영국의 경험주의 전통의 장점이자 단점이다. 무릎을 치게 하는 심오한 분석보다는 누구나 공감할 상식에 바탕을 둔 주장, 한순간에 번개처럼 머리를 치는 천재적 영감을 붙잡아 단숨에 책을 쓰는 것이 아니라 오랜 시간을 두고 생각을 숙성하면서 책을 쓰는 것이 영국 경험론자의 특징이다. 《국부론》은 스미스의 생전에만 다섯 번이나 개정판을 냈다.

스코틀랜드 계몽주의 공감의 원리

따지고 보면 《도덕 감정론(The Theory of Moral Sentiments)》도 그렇다. 이 책은 인간 본성 또는 도덕 감정에 대해 집요하게 추적해온 스코틀랜드 계몽주의 시대 도덕철학자의 성찰을 토대로 한다. 슘페터식 어법으로 좀 용감하게 말하면, 전체의 틀은 스미스의 스승인 프랜시스 허치슨(Francis Hutcheson)에서 가져왔고, 《도덕 감정론》의 핵심 개념인 '공감(sympathy)'의 원리는 그의 친구인 데이비드 흄(David Hume)의 용어를 빌려왔다. 인간의 이기심(self-interest)이 공감의 원리와 충돌하지 않고, 오히려 사회 구성의 원리로 작동하는 '의도하지 않은 결과(unintended consequence)'를 가져온다는 결론은 어떤 점에서는 그가 평생을 두고 비판해온 버나드 맨더빌(Bernard Mandeville)의 "개개인의 부도덕이 공공선을 만든다."라는 주장과 역설적으로 일치한다. 스미스는 그보다 앞선 도덕철학자의 주장을 잘 갈고 닦고 하나의 실에 꿰어 가장 빛나는 구슬로 만든 셈이다.

스미스의 도덕철학은 글래스고 대학 시절의 스승인 프랜시스 허치슨의 영향을 크게 받았다. 스미스는 학생 시절에 허치슨에게서 도덕철학을 배웠을 뿐만 아니라, 후에 모교에서 허치슨의 자리를 이어받아 도덕철학을 가르쳤다. 스미스는 허치슨에게서 인간에 내재하는 도덕 감각(moral sense)에서 사회 질서의 원리를 구하고자 하는 스코틀랜드의 학문적 전통과 도덕 감각이 인간의 선천적 능력에서 오는 것이 아니라 경험에서 비롯된 것이라는 경험론적 전통도 물려받았다.

허치슨은 도덕 감각을 철저하게 경험론적 시각에서 설명했다. 인간에게 보고, 듣고, 만지고, 냄새를 맡고, 맛을 보는 감각이 있는 것처럼, 인간에게는 또한 아름답고 추한 것을 느끼는 감각(미적 감각)과 좋고 나쁜 것을 느끼는 감각(도덕 감각)이 있다고 상정했다. 그는 이런 비유도 했다. 뜨거운 불에 화상을 입은 사람이 경험적으로 불을 멀리하는 것처럼, 사람은 경험적으로 자신에게 좋거나 아름다운 것에 가까이 하고 나쁘거나 추한 것을 멀리한다. 인간은 자신의 행위를 자기애(self-love) 또는 자기 이익(self-interest)에 의해 선(good)이라고 승인하거나 거부할 수 있다. 이것이 바로 도덕의 원천이다. 허치슨은 도덕 판단이 이성이 아니라 도덕 감각의 산물이라고 주장한 인물이다. 이러한 허치슨의 주장은 스코틀랜드 계몽주의의 두 주역 흄과 스미스에게 각각 지대한 영향을 끼쳤으며, 더 나아가 '최대 다수의 최대 행복(the greatest happiness for the greatest numbers)'을 원리로 하는 영국 공리주의의 씨앗을 뿌리기도 했다.

그러나 이런 문제가 남는다. 개개인이 자신의 행위에 대해 좋고 나쁘다는 판단을 내리는 최종 판관이 된다면, 공공의 이익 또는 공공선(common good)은 어떻게 보장되는가? 이에 대해 허치슨은 인간이 상호 승인을 얻으려고 노력하는 과정에서 공공의 이익에 기여한다고 응답한다. 이 대목에서 허치슨은 이타심 또는 자선(benevolence)이라는 오래된 개념을 소환한다. 그는 자선을 적극적으로 해석한다. 자선은 타인의 이익을 우선하는 이타적 행위만 가리키는 것이 아니라, 타인에 해를 끼치지 않는 한도에서 사익을 추구하는 것도 자선이라는 것이다. 허치슨은 자선을 사회를 유지하는 가장 기본적이면서도 중요한 덕이라고 생각했으며, 공공의 이익으로 향하는 자선의 원리는 마치 중력의 원리와 같다고 주장하기도 했다. 흄과 스미스는 이 대목에서 이의를 제기한다. 흄은 도덕이 이성의 산물이 아니라 감정의 산물이라는 허치슨의 주장에는 동의한다. 쾌락 또는 고통의 감정이 선과 악을 구분하는 일정한 성질이 있다는 점도 동의한다. 그러나 흄은 자선을 바탕으로 한 개개인의 상호 승인이 사회질서를 유지한다는 허치슨의 견해와 달리, 사회질서를 유지하는 것은 자연적인 도덕적 승인이 아니라 인위적인 정의(justice)라고 주장했다. 인간이 개인의 이익을 추구하는 것은 자연적 성향이지만, 개인의 충돌을 조정해 사회질서를 유지하는 것은 '공동 이익에 대한 일반 감각(general sense of common interest)'이 있기에 가

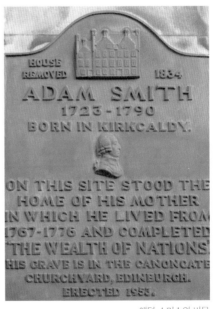

애덤 스미스의 비문

능하다고 주장했다. 이것이 공동 이익에 기초한 정의의 규칙이며, 이러한 정의의 규칙이 작동할 수 있는 것은 인간이 가지고 있는 '공감(sympathy)' 때문이라고 했다. 물론 허치슨도 공감의 기능을 주장하기는 했다. 그러나 허치슨이 말하는 공감이 개인의 이익을 추구하는 인간 사이에서 이루어지는 것이라면, 흄이 말하는 공감은 공동의 이익에 대한 '효용(utility)'을 판단하는 것이다. 앞에서 우리는 허치슨의 도덕 감각 이론이 공리주의로 이어진다고 했는데, 허치슨과 공리주의를 제창한 제러미 벤담(Jeremy Bentham) 사이에는 사상사적으로 흄이 제기한 효용 개념이 매개되고 있다.

적정성을 매개로 한 스미스의 공감 개념

스미스는 공감의 개념을 흄과는 또 다르게 해석한다. 그는 공감의 원칙을 흄과 같이 효용을 매개로 하지 않고 '적정성(propriety)'을 매개로 주장한다. 스미스는 《도덕 감정론》에서 "덕을 효용에 있다고 보는 체계는 덕이 적정성에 있다고 보는 체계와 서로 일치한다."라고 인정하면서도, "덕은 한 가지 감정에 있는 것이 아니라 모든 감정의 적절한 정도에 있다."라고 흄의 효용론을 넌지시 비판한다. 스미

애덤스미스가 《국부론》을 집필한 장소

스가 제기한 공감의 원칙에서 중요한 것은 공정한 '관찰자(spectator)'의 역할이다. 이 관찰자는 행위자와는 직접적 관련이 없는 제3자이지만, 사회 질서를 유지하는 역할을 할 수 있다고 그는 주장한다. 스미스는 《도덕 감정론》의 첫 대목에서 이렇게 말한다.

> 인간이 아무리 이기적이라고 가정해도 인간의 본성에는 이와 상반되는 몇 가지 요소가 분명히 존재한다. 바로 이때문에 인간은 바라보는 즐거움 이외에는 자신이 얻는 것이 없다고 해도 타인의 운명에 관심을 가지고 타인이 행복해지기를 바란다.

공감은 우리가 모든 감정에 대해 '동료로서 가지는 느낌(fellow-feeling)'을 가리킨다. 인간이 가지는 공감은 본능적이며, 모든 이익에 대한 판단에 선행한다. 여기에서 스미스가 말하는 공감의 원칙은 이중적이다. 하나는 관찰자가 타자의 행위가 적정한 것인가, 곧 타자의 행위와 감정이 그것을 자극한 원인 또는 상황에 비추어 과도한지 또는 적절한 것인지를 관찰한다. 또 그 행위가 이로운 결과를 낳는지, 또는 해로운 결과를 낳는지도 아울러 관찰한다. 다른 하나는 관찰자가 타인의 행위에 대한 관찰자로서의 판단을 자신의 행위를 관찰하거나 판단할 때도 적용한다는 점이다. 스미스는 이 관찰자를 '가상의 공정한 관찰자(supposed impartial spectator)', 또는 '가슴속에 있는 이상적 인간(ideal man within breast)'이라고 부른다.

이 공정한 관찰자의 존재가 바로 사회질서를 유지하는 힘이다. 공정한 관찰자는 사회 구성원의 승인과 거부의 표현에 따라 구성원 간에 동의할 수 있는 규칙을 만들어간다. 이 과정을 거쳐 한 사회에 정의의 규칙이 형성될 수 있다. 그래서 인간 사회는 서로 사랑하지 않아도 서로 합의된 가치 평가에 따른 금전 교환만으로도 사회질서를 유지할 수 있다고 스미스는 주장한다.

스미스가 《도덕 감정론》에서 주장한 공감의 원리는 《국부론》에서 시장의 원리로 확장된다. 공감의 원리와 시장의 원리는 스미스의 철학 체계에서 모두 인간의 본성에 연유한다. 스미스는 인간을 천상에 있는 존재처럼 파악하지 않았고, 그렇다고 인간에 대해 절망하지도 않았다. 그는 인간의 속성을 마치 자연의 속성을 관찰하듯 바라봤을 뿐이다. 그리고 그 관찰을 토대로 인간 사회의 구성 원리에 대한 탁월한 그림을 그렸다. 어떤 점에서 우리는 스미스가 2백여 년 전에 그린 세계의 그림 속에서 살고 있는 셈이다. 우리 모두는 지금 시장경제 체제에서 살고 있기 때문이다. 그래서 우리는 경제가 요동칠 때마다 스미스의 책을 다시 펼쳐보는 것이 아닐까.

Rousseau

" 장 자크 루소 "

자연으로 돌아가자 .... 정 재 영

시계 수리공 소년은 열여섯 살에 고향 제네바를 떠났다. 그를 키운 것은 한 시인의 시구를 빌리면 "8할이 바람"이었다. 그는 많은 직업을 거쳤다. 한때는 파리에서 오페라를 작곡한 음악가로, 한 때는 베스트셀러 작가로 명성을 날렸다. 그를 가르친 것은 자연이었다. 스승 없이 그는 스스로의 힘으로 당대를 대표하는 지성이 되었다. 그러나 그가 쓴 책이 블랙리스트에 올라 불태워지고 그에게 수배령이 떨어지면, 그는 또 다시 유랑의 짐을 쌌다. 평생을 바람처럼 떠돌아다녔기 때문일 까? 그는 자신을 고독한 사람이라 불렀다. 죽기 직전에도 쓰고 있었다는 책 제목을 그는 이렇게 달았다. 《고독한 산책자의 몽상》. 이 고독한 산책자는 장 자크 루소다.

구질서를 혐오했던 계몽주의 철학자

장 자크 루소(Jean-Jacque Rousseau, 1712~1778)는 프랑스 계몽주의가 정점을 이루는 18세기 계몽주의의 최고 이론가 중 한 명이다. 동시에 계몽주의를 가장 신랄하게 비판한 인물이기도 하다. 이 역설은 어디에서 오는가? 계몽은 '어둠을 밝힌다'는 뜻이다. 그것은 계몽 또는 계몽주의를 가리키는 영어(enlightenment), 불어(Lumières) 그리고 독일어(Aufklärung) 등에 공통적으로 나타난다. 따지고 보면 우리말 계몽(啓蒙)도 마찬가지다. 그 어둠을 밝히는 빛이 바로 이성이다. 이성의 빛이 비치면 어두운 미몽은 사라진다. 이성의 빛에서는 구질서의 권위는 힘을 잃는다. 계몽주의자들은 온갖 형태의 권위에 기생했던 허위와 기망이 사라지고 권위 앞에 무기력하게 굴복했던 무지와 어리석음은 깨우쳐진다고 믿었다. 계몽주의자들은 이성의 빛을 발해 미몽을 깨뜨리는 구체적 행위가 교육이며, 그 결과로 나타난 구체적 소산물이 학문과 예술이라고 생각했다. 우리는 그것을 18세기적 의미에서 교양과 문명이라고 불러도 좋을 것이다.

다른 계몽주의자들과 마찬가지로 루소는 구질서를 극도로 혐오했다. 새로운 세계로 나아가기 위한 구체적 설계도를 짜는 데도 그는 둘째가라면 서러워할 정도로 대단한 열정을 지니고 있었다. 그러나 루소는 더 좋은 세상을 만드는 데서 이성을 신뢰하지 않았다. 이성은 지나치게 고정적이고 주어진 현상을 지키는 데만 급급하다고 평가절하했다. 또한 루소에게 교육은 이성의 힘으로 지적 훈련을 닦아가는 것이 아니라, 일체의 강제 없이 자기 소질에 따라 자기감정에 충실하게 자연스럽게 성장하는 것을 가리킨다. 자연의 원칙에 따르려면 모든 문화적 반(反)자연을 거부해야 한다. 루소는 학문과 예술을 인간을 자유롭게 하고 인간을 해방하는 교양이 아니라 인간을 구속하는 사슬로 바라보았다.

　루소의 첫 논문이라고 할 수 있는 〈학문과 예술론〉에서 이미 그러한 주장이 나타난다. 이 논문은 디종 아카데미의 논문 공모에 출품해 당선된 작품으로 방랑자 루소의 이름을 유럽 지성계에 알린 결정적 계기가 되었다. 디종 아카데미에서 내건 논문 주제는 이랬다. '학

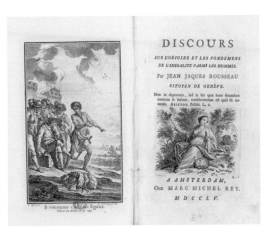

루소의 대표 논문인
〈인간 불평등 기원론〉의 표지

문과 예술의 진보는 풍속을 부패시켰는가, 아니면 도덕적 순화에 기여했는가?' 루소는 훗날 지인에게 보내는 한 편지에서 "논문 공모 기사를 보는 순간 내 안에서는 강한 충동이 일어났다. 만약 순간적 영감이라는 것이 있다면 그때 느낀 감정이 아닐까 생각한다."라고 적었다.

루소는 〈학문과 예술론〉에서 모든 학문과 예술은 도덕적 타락에서 기인한다고 주장했다. 천문학은 미신에 기원하며, 물리학은 게으른 호기심에서 태어났다. 수사학은 야심에서 비롯되었으며, 도덕철학은 제가 잘났다는 생각을 배경으로 한다. 문명은 이러한 악덕에서 배태했다. 학문과 예술의 간계에 넘어가지 않았던 고대 그리스의 스파르타가 도덕적으로 건강했고, 학문과 예술을 권장했던 아테네가 폭정과 사치로 무너진 것은 여기에 연유한다. 융성했던 로마 제국이 부패의 늪에 빠져 몰락한 것도 아테네가 밟았던 길을 그대로 따라갔기 때문이다. 이러한 악덕에서 빠져나오려면 인간은 문명 이전의 상태, 곧 자연의 소박한 아름다움으로 돌아가야 한다고 루소는 역설했다. 그가 쓴 논문은 큰 반향을 불러일으켰다.

루소는 학문과 예술에서 다른 주제를 사회와 경제 분야로 확장했다. 그의 두 번째 논문 〈인간 불평등 기원론〉이 그것이다. 이 논문 역시 디종 아카데미의 논문 공모에 응모한 것이었다. 주제는 "인간 불평등의 기원은 무엇인가, 그리고 그것은 자연법에 인정되는가?"하는 것이었다. 이번에는 낙방했다.

인간이 사회를 만들기 이전의 자연 상태에서는 인간에게 불평등이 없었다고 루소는 상정한다. 자연 상태의 인간은 선하지도 않고 그렇다고 악하지도 않다. 왜냐하면 자연 상태의 미개인은 선한 인간이 무엇인지, 또 악한 인간이 무엇인지도 모르기 때문이다. 이 대목에서 루소는 자연 상태를 '만인에 대한 만인의 투쟁'으로 보는 토머스 홉스(Thomas Hobbes)의 견해에 반대한다. 루소에 따르면, 인간에게는 자신을 사랑하는 마음, 곧 자기애에는 두 가지 차원이 있다고 설명한다. 그는 이 점을 홉스가 놓치고 있다고도 했다. 하나는 자연 상태의 자기애로 루소는 그것을 'Amour de soi'(이에 상응하는 마땅한 우리말을 찾기 힘들어 원어 그대로 표현한다)라고 말한다. 이것은 인간뿐만 아니라 동물도 가진 자기애로 사회와 무관하게, 또는 사회에 선행하는 자기애를 가리킨다. 또 다른 자기애는 'Amour propre'로 이것은 사회 형성과 함께 생겨난 자기애를 말한다. 루소는 인간이 자연 상태에서 벗어나 사유재산 제도와 정부를 구성하면, 자연 상태 속의 자기애, 곧 'Amour de soi'보다는 사회관계 속에서 형성된 자기애, 곧 'Amour propre'를 자극한다고 주장한다. 이를 단순화해 말하면, 인간이 사회를 형성하면서 자신의 의견에 기초한 참된 자기애는 상실되고 그 자리를 타자의 의견에 의존하는 왜곡된 자기애가 차지한다는 것이다.

루소는 불평등의 기원을 인간이 자연 상태에서 지녔던 자유를 잃어버렸다는 점에서 찾았다. 인간 모두에게 속했던 자연 상태의 토지를 인간이 분할 소유하면서 인간은 자유를 상실했다는 것이다. 토지를 나누어 소유하는 사유재산 제도가 생겨나면서 부자와 빈자가 생겨나고 주인과 노예가 만들어졌다. 부자들은 약자를 보호한다는 명분으로 국가와 법률을 만들어 지배자와 피지배자로 나누는 불평등을 영구화했다. 인간은 자유로운 자연 상태에서 예속과 복종의 상태로 전락했다. 그래서 루소는 이렇게 말한다.

어떤 토지에 울타리를 두르고 "이것은 내 것이다."라고 선언하는 일을 생각해내고, 그것을 그대로 믿을 만큼 단순한 사람들을 찾아낸 사람은 정치 사회(국가)의 창립자였다. 말뚝을 뽑아내고, 개천을 매우며 "이런 사기꾼이 하는 말 따위는 듣지 않도록 조심해라. 열매는 모든 사람의 것이며 토지는 개인의 것이 아니라는 것을 잊는다면 너희들은 파멸이다."라고 동포들에게 외친 자가 있다면, 그 사람은 얼마나 많은 범죄와 전쟁과 살인 그리고 얼마나 많은 비참함과 공포를 인류에게서 없애 주었겠는가?

과연 루소답다. 주장하는 내용도 글의 스타일도 열정적이다. 디종 아카데미에서 루소를 낙방시킨 것은 이 논문이 지나치게 과격했기 때문이라고 알려져 있다. 그러나 〈인간 불평등 기원론〉은 루소와 여러 면에서 대조를 이루는 계몽 사상가 볼테르(Voltaire)의 촌평을 들

볼테르

어봐야 제맛이 난다. 루소가 문명보다 자연을 뜨거운 가슴으로 사랑했다면, 볼테르는 냉철한 머리로 인류 문명의 발전을 추구한 사상가다. 루소가 격동적 문체로 독자를 사로잡았다면, 볼테르는 글을 비트는 풍자로 정평이 난 인물이었다.

나는 인류에게 트집을 건 당신의 새로운 저작을 받았습니다. 정말 감사합니다.
사람들은 자기들의 진상을 말해주는 당신을 고맙게 생각할 것입니다.
(중략) 이제껏 누구도 인간을 짐승으로 묘사하는 기재를 보인 적은 없습니다.
당신의 저작을 읽으면, 인간은 네 발로 걷고 싶을 정도입니다.
그러나 나는 그 습관을 없앤 지 60년 이상이나 되기 때문에
유감스럽지만 다시 그 습관으로 돌아갈 수는 없을 것 같습니다.

– 볼테르가 루소에게 보낸 편지에서

루소는 〈인간 불평등 기원론〉에서 다룬 주제를 다시 손질해 《사회계약론》을 내놓았다. "사람은 자유롭게 태어났으나, 도처에 그를 옭아매는 사슬에 묶여 있다."라는 선언으로 시작되는 이 책은 교육

문제를 소설 형식으로 기술한 《에밀》과 함께 루소의 주저로 꼽힌다. 〈인간 불평등 기원론〉이 자연 상태에서 자유로운 인간이 어떻게 사회를 구성하면서 불평등한 사슬에 구속되었는가를 살펴보는 데 방점을 찍었다면, 《사회계약론》은 사슬에 묶인 인간이 어떤 원리로 인간 자신에게만 복종하는 국가를 만들어야 하는가에 초점을 맞추었다. 이 책이 정치권력, 더 나아가서 국가의 설립 근거를 따지는 정치철학의 고전으로 통하는 이유가 여기에 있다.

'자연으로 돌아가자' 정치권력의 기본 원리

잠깐! 루소의 정치철학의 기본 뼈대는 인간이 자유로운 상태인 자연 상태로 돌아가자는 것이 아닌가? 그의 철학을 관통하는 '자연으로 돌아가자'는 정신이 어떻게 정치권력의 기본 원리를 설명하는 정치철학의 교과서가 될 수 있다는 말인가? 루소는 정치 공동체로서의 국가를 바로 인간이 불평등해지는 거악의 원천으로 지목하지 않았는가? 맞다. 그래서 어떤 이들은 《사회계약론》이 〈인간 불평등 기원론〉의 연장선상에서 쓰인 것이 아니라, 《사회계약론》은 〈인간 불평등 기원론〉의 주장을 뒤집었다고 보기도 한다. 이 문제를 푸는 열쇠를 찾으려면 철학의 역사에서 끝없는 논란을 불러일으킨 중요한 개넘 하나를 살펴봐야 한다. 바로 '일반의지'(volonté générale, general will)라는 개념이다.

루소는 일반의지에 대해 명확하게 정의를 내리지는 않았다. 그러나 그는 모든 인간은 개인으로서 특수의지를 가지고 있으며, 특수의지는 시민이 가지고 있는 일반의지와 다른 것이라고 설명했다. 그는 또 일반의지를 전체 의지와 구분했다. 루소의 설명에 따르면, "일반의지는 공통의 이익만 생각하는 반면, 전체 의지는 사사로운 이익만 생각하는 특수의지의 총합일 뿐"이며, "특수의지에서 서로 상쇄하는 과부족을 빼면 차이의 합계로서 일반의지가 남는다."라고도 했다. 그의 주장을 종합해볼 때, 일반의지란 공동체가 공공선을 추구하는 과정에서 시민이 합의해 정치권력과 그 행사를 정당화하는 유일한 의지라고 말할 수 있다.

《사회계약론》 표지

자연 상태를 벗어나 사회를 만든 인간은 다시 자연 상태로 복귀해야 하는가? 볼테르식으로 말하면 우리는 문명을 뒤로 하고 네 발로 다시 걸어야 하는가? 아니다. 루소가 자연으로 돌아가라는 주장은 그가 가상적 역사를 통해서 상정한 자연 상태로 회귀하라는 액면 그대로의 뜻이 아니다. 자연 상태에서 인간이 자유로웠고, 그리고 불평등이 없었던 바로 그 이상향으로 복귀하라는 뜻으로 탄력적으로 해석해야 한다.

그런데 그게 가능할까? 루소는 그렇다고 본다. 그는 그것이 일반 의지를 행사하면 가능하다고 생각했다. 공공선을 추구하는 일반의지의 행사를 그는 '주권'이라고 말한다. 주권은 일반의지에 기초했기 때문에 양도할 수도 없고 분할할 수도 없다.

현실적으로 루소가 꿈꾼 이상 국가가 과연 가능할까? 루소는 그런 이상향으로 고대 그리스의 폴리스와 그의 모국인 제네바 공화국을 이야기한다. 그곳들은 시민이 정치에 직접적으로 참여한 직접민주주의가 나타났던 곳이다. 우리가 자주 놓치는 점이지만, 루소가 말하는 민주주의란 오늘날 대부분의 국가에서 실현하고 있는 의회 민주주의, 곧 국민의 의사를 의회가 대리해 권력을 행사하는 간접민주주의를 가리키지 않는다. 의회 민주주의는 루소의 용어를 빌어 말하면 '귀족정치(aristocracy)'다. 더 콕 짚어 말하면 '선출된 귀족정치'라고 할 수 있다.

루소는 정부 형태를 민주정치와 귀족정치 그리고 군주정치의 셋으로 구분한다. 그의 정부 분류 방식에 따르면 로크의 사회계약론에 기초한 영국식 민주주의 정치 제도는 민주정치가 아니라 귀족정치다. 루소가 영국식 민주주의를 그다지 높게 평가하지 않은 이유다. 물론 로크식 민주주의를 지지하는 쪽에서 20세기를 대표하는 지성인으로 여기는 영국의 철학자 칼 포퍼와 버트란드 러셀은 루소의 정치철학을 각각 전체주의로 보거나 유사 민주주의쯤으로 바라본다.

계몽의 한계를 뛰어넘으려던 역설의 철학자

루소는 로크처럼 자신의 정치 이상을 현실 프로그램으로 실천하지는 못했다. 고대철학자 플라톤이나 근대철학자 카를 마르크스처럼 자신이 세운 사회 공동체 이론을 실현하려고 구체적으로 노력하지도 않았다. 그의 표현대로 그는 단지 고독한 상태에서 꿈을 꾼 '몽상가'였다. 그러나 루소의 정치철학은 그의 사후 1789년 프랑스혁명을 통해 현실로 나타났다.

인간은 태어날 때부터 자연 상태에서처럼 모두 평등하며, 자유로우며, 그리고 그럴 때 비로소 인간이라는 더 큰 전체에 합일하게 된다는 루소의 정치철학은 '자유, 평등, 박애'로 요약되는 프랑스 혁명의 기초 이념이 되었다. 루소는 혁명의 예언자로 숭상되었고, 혁명 지도부는 그의 유해를 프랑스 영웅을 기리는 국립묘지 팡테옹(Panthéon)의 볼테르 옆 자리에 안장했다.

앞에서 루소를 계몽주의의 가장 위대한 사상가 중 한 명이면서, 동시에 계몽주의에 대한 가장 신랄한 비판자라고 했다. 그렇다. 루소는 인간과 근대 사회의 구성 원리를 기획한 가장 위대한 계몽주의 자의 정점에 서 있다. 그러나 그는 인간과 사회의 구성 원리를 백과 사전식 지식에서 구하지 않았고, 이성의 빛이 밝게 비치는 문명에서 구하지도 않았다. 그것을 자연에서 찾았다는 점에서 계몽주의 프로 그램에 역행한 인물이기도 하다. 그렇기에 루소를 계몽의 시대 한복 판에서 계몽의 한계를 뛰어넘으려고 한 역설의 철학자라고 불러도 좋다.

팡테옹에 있는
루소의 묘

Kant

"**임마누엘 칸트**"

계몽의 꽃을 피우다 ·· 송 하 석

임마누엘 칸트의 《순수이성비판》이 처음 출간된 해인 1781년은 아이자크 뉴턴이 《자연철학의 수학적 원리》를 발표해 그의 역학이 세상에 소개된 지 100년 가까이 지났을 무렵이다. 뉴턴 역학의 등장은 기계론적 세계관을 확고하게 하고 계몽주의 시대를 열어 제친 계기가 되었다. 기계론적 세계관의 등장으로 그때까지 '학문의 여왕'이라고 일컬어지던 형이상학은 더 이상 그런 영예로운 호칭을 유지할 수 없게 되었고, 오히려 형이상학의 독단적인 논변은 조롱거리로 전락했다. 이런 상황에서 인간 이성에 대한 신뢰를 바탕으로 하는 계몽주의 철학이 18세기 초까지 서양 지성사의 주류를 차지했다.

칸트가 제안한 이성 비판
과감하게 알고자 열심히 따져보는 것

18세기 후반, 계몽주의가 그토록 강조했던 인간 이성에 대한 회의와 이성에 의한 역사의 진보라는 계몽주의적 믿음에 대한 회의가 시작된다. 낭만주의가 그 싹을 피우기 시작한 것이다. 낭만주의는 계몽주의가 강조한 이성에 대한 신뢰를 거부하며 계몽주의에 도전장을 던진다. 이렇게 지성사적으로 혼란스러운 상황에서 출간된 책이 바로 임마누엘 칸트(Immanuel Kant, 1724~1804)의 《순수이성비판》이다. 칸트는 계몽주의가 도전받기 시작한 무렵에 살면서도 자신의 시대가 '계몽된 시대'가 아니라 단순히 '계몽의 시대'일 뿐이라고 말한다. 그것은 계몽이 계속되어야 하고, 계몽의 정신이 유지되어야 한다는 뜻이다. 칸트에 따르면, 계몽이란 미성년의 상태에서 벗어나는 것이고, 미성년이란 다른 사람의 지도 없이는 자신의 이성을 사용할 수 없는 상태이다. 결국 칸트는 낭만주의의 도전에 맞서 계몽주의를 옹호하고, 인류가 자율적으로 이성을 사용할 수 있는 계몽된 시대를 그리면서 계몽이 지속되어야 함을 강변했다.

이성의 자율적 사용, 이를 위해 칸트가 제안한 것이 바로 '이성 비판'이다. 칸트는 "과감하게 알려고 하라!"나 "따져보라!"라는 구호를 계몽의 모토로 삼는다. 이성 비판이란 바로 과감하게 알려고 열심히 따져보는 것이다. 즉, 인간의 지적 능력을 통칭하는 이성이라는 능력이 어떻게 작동하는지 분석하고 평가해보는 것이다. 요컨대 이성에 대한 이론이나 교설(doctrine)을 제시하는 것이 아니라, 이성의 한계를 긋고 명료하게 하는 작업이 바로 이성 비판이다.

뉴턴 이후 자연법칙의 지배를 받는 모든 물리 대상과 자연현상은 더 이상 전통적인 철학의 탐구 대상일 수 없었다. 결국 계몽주의 철학자에게 남겨진 철학의 탐구 대상은 자연법칙의 지배를 받지 않고 자율성을 지닌다고 여겨지는 인간의 정신뿐이었다. 칸트는 인간의 정신에 대해 세 가지를 질문해 계몽주의 철학의 완성을 기획한다. 첫째, "무엇을 알 수 있는가?" 둘째, "무엇을 해야 하는가?" 마지막으로 "무엇을 희망할 수 있는가?"가 그가 던진 질문들이다. 첫 번째 질문에 답하려고 쓴 책이 《순수이성비판》이고, 두 번째 질문에 답하

《순수이성비판》의 표지

고자 쓴 책이 《실천이성비판》, 마지막 질문에 답하는 책이 《판단력비판》이다. 이것이 바로 칸트의 유명한 3대 비판서이다.

칸트는 학문적 인식이 가져야 할 논리 구조를 분석하는 것에서 《순수이성비판》을 시작한다. 그에 따르면 우리의 모든 인식은 '경험과 더불어(with experience)' 시작된다. 경험 없이는 어떤 인식도 가능하지 않다는 뜻이다. 그런 점에서 칸트는 경험론에 동의하는 것처럼 보인다. 그러나 칸트는 모든 인식이 '경험으로부터(from experience)' 나오는 것은 아니라고 말한다. 경험만으로는 얻을 수 없는 선천적 인식이 있기 때문이다. '선천적 인식'이란 시간적으로 경험보다 앞선 인식이라는 뜻이라기보다는 경험만으로는 얻을 수 없는, 즉 보편성과 필연성을 지닌 인식이라는 뜻이다. 이런 점에서 칸트는 합리론자에게도 한 표를 주고 있는 셈이다.

학문적 인식은 판단의 형식을 취한다
분석판단과 종합판단

모든 학문적 인식은 판단의 형식을 취한다. 칸트는 모든 판단을 분석판단과 종합판단으로 구분한다. 분석판단이란 주어 개념이 술어 개념을 포함하는 판단이다. 그는 '모든 물체는 공간을 차지한다'는 판단을 분석판단의 예로 제시하는데, 그 이유는 '물체(body, Ding)'라는 개념은 '공간을 차지함(extended)'이라는 개념을 포함해 주어 개념(물체)을 분석하면 술어 개념(공간을 차지함)이 따라 나오기 때문이다. 분석판단의 참과 거짓을 판별하는 데는 언어에 대한 이해 이외의 경험이 따로 필요하지 않다. '물체'라는 개념과 '공간을 차지함'이라는 개념을 이해하고 있다면 이 판단이 필연적으로 참이라는 것을 알기 때문이다. 그런 의미에서 분석판단은 필연적이며 보편적인 판단이고, 따라서 선천적인 판단이다. 그러나 분석판단은 주어의 개념에 술어의 개념이 포함되었기 때문에 세계에 대한 지식을 제공해주지는 못한다.

반면에 종합판단은 주어 개념 안에 술어 개념이 포함되지 않은 판단이다. 그래서 술어 개념이 주어 개념에 부가적인 정보를 덧붙여주는 판단이 종합판단이다. 그러므로 종합판단은 세계에 대한 지식을 확장해준다. 칸트는 종합판단의 예로 "모든 물체는 무게를 가진다."라는 문장을 든다. '물체'라는 개념은 '무게를 가짐'이라는 개념을 반드시 포함하는 것은 아니기 때문에, 이 판단의 참과 거짓을 판단하려면 경험적 확인이 필요하다. 이렇게 경험적 확인이 요구되는 판단은 모두 종합판단이다.

문제는 학문적 인식이란 필연적이고 보편적이어야 하며 동시에 세계에 대한 지식을 확장해주어야 한다는 것이다. 다시 말해 학문적 지식은 선천적이면서 종합적인 판단이어야 한다. 그래서 칸트는 묻는다. "선천적인 종합판단이 어떻게 가능한가?" 일반적으로 모든 분석판단은 선천적이고, 선천적인 판단은 분석판단이라고 여겨지고, 또한 종합판단은 모두 경험적이어서 선천적일 수 없다고 여겨진다. 그렇다면 선천적 종합판단이 어떻게 가능할까? 이것이 바로《순수이성비판》의 핵심 질문이다.

선험적 종합판단은 가능한가?
칸트의 선험철학

칸트에게 선천적인 종합판단이 가능하지 않을 수도 있을까? 그럴 수는 없다. 만약 그렇다면 우리는 학문적 지식을 갖는 것을 기대할 수 없기 때문이다. 인간이 학문적 지식을 가지는 한 선천적 종합판단은 가능할 수밖에 없다. 그런 의미에서 선천적 종합판단이 어디까지 가능한가는 곧 학문(지식)의 한계에 해당하고, 인간 이성의 한계에 해당한다. 사실 칸트는《순수이성비판》을 통해 전통적인 형이상학이 선천적 종합판단으로 구성될 수 있는가, 즉 전통적인 형이상학이 학문으로서 가능한가를 탐구하고자 한다. 그리고 칸트는 전통적인 형이상학의 문제인, 신의 존재 문제, 영혼의 불멸성 문제, 인간의 자율성 문제 등은 순수이성의 한계 밖에 있다고 결론을 내린다.

칸트는 《순수이성비판》을 '형이상학의 모든 비밀을 풀어낼 열쇠'라고 말했다. 《순수이성비판》의 또 다른 목적은 독단적인 형이상학을 극복하고 참다운 형이상학의 가능성을 탐구하는 것이라고 할 수 있다. 올바르고 정당하게 사용되는 이성과 근거 없이 월권을 행사하는 이성을 구별할 수 있는 이성의 재판소, 그것이 바로 이성 비판의 목적이다. 이로부터 칸트는 학문으로서 형이상학은 이제 신이나 영혼 등과 같은 대상을 다루는 것이 아니라 이성 자신, 이성의 규칙을 다루어야 한다. 그래서 칸트는 그러한 철학을 선험철학(transcendental philosophy)라고 칭한다.

다시 칸트의 핵심 질문으로 돌아가자. 도대체 세계에 대한 새로운 정보를 제공해주면서도 보편성과 필연성을 갖는 선천적 종합판단이 어떻게 가능할 수 있을까? 우리의 인식이 단순히 세계에 존재하는 대상을 감각경험을 통해 지각함으로써 생긴다면, 그러한 인식은 보편성이나 필연성을 가질 수 없을 것이다. 또 우리의 인식이 경험이 개입하지 않은 채 생득적인 관념으로부터 생겨나는 것이라면, 그것은 세계에 대한 새로운 정보를 제공해주지 못할 것이다. 칸트의 사유의 혁명이 발생하는 지점이 바로 여기다. 우리의 인식은 경험을 통해서는 얻을 수 없는 필연성과 보편성이 있다. 그렇다면 우리의 인식의 그런 특성은 경험이 아닌 무엇으로부터 얻어진다고 할 수밖에 없다. 그것이 바로 칸트가 말하는 인식을 위한 '선천적 형식'이다.

이해를 쉽게 하고자 비유를 하나 들어보자. 붕어빵을 만들려면 밀가루 반죽과 팥고물이라는 재료가 필요하다. 그러나 그것만으로는 충분하지 않다. 반드시 붕어빵 틀이 필요하다. 밀가루 반죽과 같은 재료가 경험적으로 주어지는 인식의 재료라면, 붕어빵 틀은 바로 선천적인 형식에 해당한다. 즉 경험을 통해 우리는 인식의 재료를 얻고 우리가 이미 가지고 있는 형식인 선천적인 인식의 틀에 넣어 인식을 구성해낸다. 요컨대 경험 대상이 그대로 우리의 인식 내용이 되는 것이 아니라, 우리의 인식능력이 대상을 구성한다는 것이다. 경험적 대상이 인식 내용을 결정하는 것이 아니라, 우리의 인식능력이 경험적 세계를 구성해 인식한다는 것, 이것은 대단히 혁명적인 사유의 전환이다. 칸트는 자신의 이러한 통찰을 '코페르니쿠스적 전환'이라고 부른다. 왜냐하면 세계에 존재하는 대상이 인식을 구성하는 것이 아니라 인식능력이 대상을 구성한다는 주장은 천문학에서 천동설을 뒤집어엎은 코페르니쿠스의 지동설만큼이나 혁명적인 것이기 때문이다. 대상이 경험을 통해 우리의 지식의 저장고에 그대로 쌓이는 것이 아니라 인간의 인식능력으로서 선천적 형식이 대상을 구성한다는 칸트의 이러한 견해는 인식의 구성주의(constructionism)라고 불리기도 한다.

칸트의 구성주의
내용을 구성하는 고유 법칙, 선천적 형식

칸트의 구성주의에 따르면, 인간의 인식능력이 그 선천적 형식에 따라 대상을 구성하고 그렇게 구성되는 대상만을 인식한다. 따라서 인간 이성이 관심을 갖는 대상은 대상 자체, 사물 자체가 아니다. 이른바 물자체(thing-in-itself, Ding an sich)는 우리의 인식 대상이 아니고, 우리의 인식능력과 상관없이 존재한다고 여겨지는 것이다. 이성의 선천적 형식으로 구성되어 우리의 인식의 대상이 되는 것은 감각경험에 의해 주어지는 현상(appearance)일 뿐이다. 이렇게 물자체가 아닌 현상으로 주어지는 대상을 인식하게 하는 이성의 고유법칙과 그러한 법칙에 따라 이루어지는 이성의 능력에 대해 탐구하는 것을 선험철학이라고 불렀다. 다시 말해 선험철학이란 대상들 자체를 다루는 것이 아니라 대상들 일반에 관한 우리의 선천적 개념을 다루는 학문이다.

그렇다면 우리에게 어떤 붕어빵 틀(선천적 형식)이 있기에 붕어빵(학문적 인식)을 만들어낼 수 있을까? 칸트는 인식하는 데 감성과 오성이라는 두 가지 인식능력이 작동한다고 말한다. 감성은 감각경험을 통해서 인식의 재료를 받아들이는 능력이고, 오성은 주어진 인식 재료

칸트와 그의 친구들

사이의 관계나 양상에 대해 사고하는 능력, 즉 개념화해내는 능력이다. 그래서 칸트는 "감성이 없으면 어떠한 대상도 우리에게 주어지지 않을 것이고, 오성이 없으면 어떤 대상도 사유되지 않을 것이다. 내용 없는 사고는 공허하고, 개념 없는 직관은 맹목"이라는 유명한 말을 한다. 이렇게 인식은 감성과 오성이라는 두 인식능력의 결합에 의해 가능한데, 학문적 인식으로서 선천적 종합판단이 가능하려면 각 인식능력에 선천적 형식이 있어야만 한다.

칸트는 감성의 선천적 형식으로 시간과 공간이 있고, 오성의 선천적 형식으로 범주가 있다고 설명한다. 시간과 공간이라는 선천적 감성 형식과 범주라는 선천적 오성 형식이 바로 우리에게 있는 붕어빵 틀인 셈이다. 모든 감각경험을 통해 받아들여진 대상은 시간과 공간이라는 선천적 형식을 통해 시간적이고 공간적인 대상으로 구성된다는 것과 오성의 선천적 형식인 범주에 의해 선천적 종합판단이 구성됨을 설명한다. 여기에서 중요한 것은 칸트가 시간과 공간이 감성의 선천적 형식이고, 범주는 오성의 선천적 형식이라고 단순히 선언한 것이 아니라 증명(해명)하고 있다는 점이다. 만약 칸트가 시간과 공간은 감성의 선천적 형식이고, 범주는 오성의 형식이라고 주장하기만 한다면, 그 역시 그가 극복하고자 했던 독단적인 사변철학자와 다를 바가 없었을 것이다. 그러나 칸트는 시간과 공간 그리고 범주가 인식을 위한 선천적 형식이라는 것을 매우 엄밀하게 해명해나가고, 이를 '형이상학적 해명'이라고 부른다. 칸트에게 이것이야말로 바로 형이상학의 올바른 모습이고, 이것이 바로 형이상학의 과제이다.

계몽주의 시대와 프랑스혁명

인간이 무리지어 살기 시작한 이래로 줄곧 도덕이라는 것이 존재했을 것이다. 그런데 인류 역사에서, 특히 서양의 역사에서 도덕과 관련해 첫 번째로 중요한 터닝 포인트가 된 사건은 기독교의 등장이다. 기독교는 우리가 도덕적으로 살아야 하는 이유를 대체로 천국의 보상과 지옥의 형벌로 설명한다. 도덕적 행위를 해야 하는 궁극적인 이유는 천국의 보상이 기다리고 있기 때문이고, 부도덕한 행위를 하면 지옥의 형벌을 받을 것이기 때문에 부도덕한 행위를 해서는 안 된다는 것이다. 그 후 중세와 근대의 많은 화가와 소설가들은 지옥이라는 영원한 형벌과 천국이라는 영원한 축복을 묘사함으로써 대중들에게 도덕적으로 살아야 한다는 메시지를 전했다.

계몽주의 시대가 최고조에 이른 18세기, 세속에 대한 기독교의 영향력이 줄어들기 시작했다. 이제 도덕성에 대한 새로운 설명이 필요하게 되었다. 이성의 시대인 계몽시대에, 도덕성을 절대자인 신이나 천국과 지옥을 끌어들이지 않고 인간 이성에만 기대어 설명할 필요가 생겼다. 이러한 역할을 감당해낸 계몽주의 철학자, 그가 바로 칸트이다.

칸트는《순수이성비판》에서 인간이 학문적 지식을 어디까지 확장할 수 있는가를 밝힘으로써 자연에 관한 보편적이고 필연적인 지식의 한계를 밝히고자 했다. 그러나 칸트의 인간에 대한 탐구는 여기에서 그치지 않는다. 그는 자연에 관한 탐구를 넘어, 자연법칙의 지배를 받지 않는 인간의 자율성에 대한 탐구가 철학의 중요한 과제라고 보았다. 다시 말해《순수이성비판》에서 순수이성의 한계를 넘어선다고 선언한 신의 존재 문제, 인간의 자율성 문제는 순수이성의 한계 밖에 있지만 여전히 중요한 철학적 과제이고, 이를 해명하는 것이 바로 실천이성의 역할이다.

존재의 세계와 당위의 세계

칸트에게는 두 개의 세계가 있다. 하나는 존재의 세계이고, 다른 하나는 당위의 세계이다. 존재의 세계는 자연법칙이 지배하는 세계이므로 그 세계에 대한 인식은 보편적이고 필연적일 수 있다. 따라서 그 세계는 우리의 순수이성의 인식 대상으로 과학의 세계이다.

반면에 당위의 세계는 '있어야 할 세계', 즉 도덕의 세계, 가치의 세계이다. 인간이 초월적인 존재가 아닌 한 존재의 세계에 속하는 것은 분명하지만, 이성적 존재자로서 인간은 실천적인 도덕의 세계에서 살아가고 있다는 것도 분명하다. 즉, 주어진 환경에 적응해갈 뿐인 비이성적인 존재자와 달리 인간은 자신의 목적을 실현하려고 의지적으로 행위하며 살아간다. 인간은 자신 속에서 도덕적 의지와 추구하는 목적으로 구성된 또 하나의 이성 체계를 가지고 있다. 이러한 기능을 수행하는 이성을 칸트는 '실천이성'이라고 명명한다.

《실천이성비판》은 실천이성으로서 작용하는 인간의 도덕적 의지를 체계적으로 탐구하는 책이라고 할 수 있다. 순수이성이 존재 세계를 탐구하는 역할을 한다면, 실천이성은 있어야 할 당위의 세계를 탐구하는 역할을 담당한다. 존재의 세계는 자연법칙이 지배하는 세계이다. 반면, 당위의 세계는 도덕적 선택의 세계이다. 따라서 자유의 법칙이 통용되는 세계이다. 그런 의미에서 자연법칙이 지배하는 대상을 탐구하는 자연학과 구별해 도덕철학은 의지의 법칙, 또는 자유의 법칙이 지배하는 세계를 탐구한다고 이해할 수 있다. 그래서 칸트는 《실천이성비판》에서 먼저 인간 의지의 자유를 확증한다. 이를 토대로 형식적 도덕법칙으로서 정언명령을 확립하고, 이어서 도덕적 의지의 전체적 대상을 규정하는 작업, 즉 행위의 결과로 실현되어야 할 목적을 제시하는 작업을 진행한다.

인간은 어떤 행위를 하기에 앞서 그 행위가 옳은가를 생각하고 선택하는데, 이것은 인간이 도덕법칙의 존재를 부정할 수 없는 사실로 받아들이고 있기 때문이다. 실천적 법칙으로서 도덕법칙은 모든 사람에 대해 보편적으로 타당해야 한다. 주관적인 실천 원리인 준칙과는 구별되는 도덕법칙은 보편타당해야 하므로 모든 경험적 요소가 제거된 선천적 원리이어야 한다. 우리는 욕구가 충족되면 쾌락을 느끼고 행복해한다. 그러나 쾌락이나 행복은 경험적인 것이다. 어떤 대상이 쾌락을 주는가, 고통을 주는가는 결코 선천적으로 인식되는 것이 아니다. 그러니까 욕구를 충족해주는 대상을 도덕법칙의 규정 근거로 삼으려는 시도는 선천적인 법칙을 부여하는 데 성공할 수

칸트의 묘비와 기념우표

없다. 결국 모든 경험적 요소가 배제된 선천적 원리로서 도덕법칙에는 보편적 입법의 단순한 형식만 남게 될 것이다. 칸트는 도덕법칙이 이렇게 형식상으로만 의지를 규정하는 것이기 때문에 그 규정을 받아들이는 우리의 의지는 자유일 수밖에 없다고 주장한다. 왜냐하면 우리의 의지가 욕구를 충족해주는 대상에 의해 규정된다면, 그 대상은 존재 세계에 속하는 것으로 필연적인 자연법칙의 지배를 받을 수밖에 없겠지만, 우리의 의지를 규정하는 것에는 어떤 질료 대상도 포함되어 있지 않다. 따라서 자연법칙으로부터 독립적일 수 있다.

이렇게 칸트는 도덕법칙이 존재한다는 부인할 수 없는 믿음으로부터 의지의 자유를 설명하고, 그런 의미에서 도덕법칙은 의지의 자유의 인식 근거라고 말한다. 또 칸트는 의지의 자유가 없다면 도덕법칙은 성립할 수 없다는 의미에서 의지의 자유는 도덕법칙의 존재 근거라고 말한다. 즉, 도덕법칙이 있다는 일반적인 믿음이 있기에 의지의 자유를 깨달을 수 있고, 의지의 자유가 있기에 도덕법칙이 의미를 가질 수 있다는 뜻이다.

제한 없이 선하다고 할 수 있는 것은
오직 선의지뿐

칸트의 윤리학을 흔히 의무론이라고 한다. 의지란 이성에 따라 행위를 결정하는 능력, 곧 실천이성이다. 그리고 선의지(good will)란 이성의 가르침에 따라 옳은 행위를, 그 결과에 대해 생각할 필요 없이 그 행위가 옳다는 이유만으로 행하려는 의지이다. 다시 말해서 행위의 결과에 대한 고려나 자연적 성향과 조금도 타협하지 않고, 도덕법칙을 준수하는 것을 의무로 받아들이고 의무를 다하려는 의지가 바로 선의지이다.

칸트는 《도덕 형이상학의 정초》의 서두에서 "세상 안에서 뿐만 아니라 세상 밖에서조차 제한 없이 선하다고 여길 수 있는 것은 오직 선의지뿐"이라고 말한다. 선의지에 따른 행위만이 유일하게 선한 행위라는 뜻이다. 어떤 행위가 우연히 의무와 일치할지라도 그것이 의무이기 때문에 의무를 존중하는 마음에서 한 행위가 아니라면, 그것은 적절한 행위라고는 할 수 있어도 도덕적으로 선한 행위라고 할 수는 없다는 것이다. 어떤 행위가 도덕적으로 선한 것인가 아닌가의 기준이 그 행위의 동기가 선의지에 따른 것이냐 아니냐에 달려있을 뿐, 그 행위의 결과와는 아무런 상관이 없다. 그런 의미에서 칸트의 도덕 이론을 동기론이라고 불리기도 한다.

《실천이성비판》의 핵심적인 문제는 인간이 세운 도덕법칙이 어떻게 객관적이고 보편적인 법칙이 될 수 있는가이다. 그런 의미에서 객관적인 도덕법칙과 개개인의 준칙은 구별되어야 한다.

우리는 객관적인 도덕법칙과 양립하기 어려운 준칙에 따라 행위하는 경우도 있기 때문이다. 이렇게 인간은 자신의 주관적인 준칙을 행위의 기준으로 삼기도 하기 때문에, 도덕법칙은 강제(의무)의 형식을 띤 명령으로 주어질 수밖에 없다. 그러나 도덕법칙으로 주어지는 명령은 선택적이거나 조건적이어서는 안 된다. 이것이 바로 칸트의 도덕법칙이 정언명령으로 나타나는 이유이다.

"노년에 행복하기를 원한다면, 젊어서 근면하게 살아라"와 같은 조건적 명령은 올바르고 중요한 도덕적 가르침일 수 있지만, 노년의 행복을 원하지 않는 사람에게 이 가르침은 별 의미가 없을 것이다. 또 도덕법칙이 "정직하거나, 부모를 공경하라"와 같은 선택적인 명령으로 주어진다면, 그 명령 중 하나는 따르지 않아도 무방할 것이다.

따라서 조건적 명령이나 선택적 명령은 보편성과 필연성을 가질 수 없다. 이렇게 선택적인 명령이나 조건적인 명령은 보편성과 필연성을 가질 수 없고 오직 정언명령만이 보편성과 필연성을 갖기 때문에, 칸트는 도덕법칙이 정언명령으로 주어진다고 말한다.

도덕법칙으로서의 정언명령
보편적인 도덕법칙

이제 칸트가 말하는 도덕법칙으로서 정언명령이 무엇인지 구체적으로 살펴보자. 정언명령의 가장 중요한 임무는 우리의 주관적인 행위의 원칙인 준칙이 보편 법칙과 일치해야 한다는 것을 알려주는 것이다. 그래야 우리의 행위가 보편적인 도덕법칙을 따르게 되기 때문이다.

그래서 칸트는 "정언명령은 단 한 가지밖에 없다."라고 말하는데, 그 단 한 가지는 바로 "너의 행위의 준칙이 네 의지를 통해서 보편적 자연법칙이 될 수 있는 것처럼 행위하라."이다. 어떤 행위가 도덕적인가 아닌가의 기준은 그 행위의 기준이 언제 어디에서나 그리고 누구에게나 적용될 수 있는 보편적인 것인가 아닌가에 달려 있다는 말이다. 즉 내가 지금 어떤 행위를 하는 것이 옳은 것인지 아닌지 판단할 때, 내가 다른 사람이 같은 상황에서 그 행위를 하는 것을 옳다고 판단할 수 있다면 그 행위는 보편적인 도덕적 법칙에 따른 것이기에 옳은 행위라는 말이다.

칸트에 따르면, 우리가 도덕적으로 선한 행위를 하려고 무엇을 해야 하는지에 대한 구체적인 통찰이 필요하지 않다. 단순히 당신이 행위의 기준으로 삼는 그 기준이 보편 법칙이 될 수 있는지만 물으면 된다. 만약 그 질문에 대한 답이 부정적이라면 그 준칙을 버리고, 답이 '그렇다'라면 그 준칙에 따라 행위하라는 말이다. 이렇게 자신의 준칙을 따르거나 포기해야 하는 이유는 그 준칙에 따를 경우 다른 사람과 나에게 이익이 되거나 해가 되기 때문이 아니라, 그것이 보편적인 법칙이 될 수 있거나 그렇지 않기 때문이다. 다시 말해 실천이성은 우리에게 보편적인 '법칙 주기'에 직접적인 존경심을 가지라고 명령한다는 것이 칸트가 말하는 정언명령의 핵심 주장이다. 그런 의미에서 칸트의 도덕철학을 법칙주의(deontologism)라고 한다.

《순수이성비판》에서 존재의 세계가 인간 사유의 보편적인 형식에 의존한다는 것을 보여 인식 주체로서 인간을 세계의 중심에 놓은 칸트는 《실천이성비판》에서 인간 이성에 대한 또 다른 성찰을 제시한다. 인간은 도덕적 의도와 목적으로 구성된 또 하나의 이성 체계를 가지고 있고, 이를 통해 인간은 자연을 초월하는 능력을 갖게 된다. 인간이 세계에 부여하는 목적은 존재 세계를 넘어서는 것이며, 성취되어야 할 무엇이다. 그리고 인간의 도덕적 의지와 목적을 존재의 세계에 실현해 세계를 변혁하는 힘은 바로 실천이성으로 작용하는 인간 의지의 힘이다. 이러한 도덕법칙을 깨닫고 그 가치를 존중할 줄 아는 인간의 가치를 그는 《실천이성비판》의 결론 부분에서 다음과 같이 쓰고 있다.

나의 마음을 채우고, 내가 그것에 대해 더 자주,
더 깊이 생각하면 할수록 늘 새로운 경외심과 존경심을 더해주는 것 두 가지가 있다.
머리 위에 별이 빛나는 하늘, 그리고 내 마음속의 도덕법칙.

도덕법칙을 지닌 인간을 별이 빛나는 하늘에 비유하면서 절대적 가치를 지닌 존재로 존중했던 칸트. 그는 노년에 시력과 기억력을 잃어가면서 쓸쓸한 날을 보내다, "좋군!(Es ist gut!)"이라는 마지막 말을 남기고 죽었다. 그의 묘비에는 앞에서 인용한 구절의 끝 부분인 "머리 위에 별이 빛나는 하늘과 내 마음속의 도덕법칙."이라는 구절이 새겨져 있다.

Hegel

"게오르크 헤겔"

변증법의 비밀 ·· 정 재 영

우리는 왜 수백 년 전, 심지어는 수천 년 전의 철학을 지금도 읽는가? 어제의 학문이 내일이 되면
더 이상 사용할 수 없다는 말이 나올 만큼 빛의 속도로 새로운 정보와 지식이 쏟아지는 이 시대
에 철학은 왜 흘러간 옛 노래를 되풀이해 부르는가? 예전의 철학자들이 지금의 철학자보다 훨씬
더 뛰어났기 때문에? 아니면 철학은 유효기간이 워낙 길기 때문에?

계몽주의 시대의 끝자락에 위치한 근대철학의 막내이며 동시에 근대의 불안을 민감하게 받아들
인 탈근대철학의 맏형으로도 평가되는 게오르크 헤겔(Georg Wilhelm Friedrich Hegel, 1770~1831)

은 과거의 철학이 지금 우리에게 어떤 의미가 있는지를 체계적으로 설명한 철학자다. 그는 철학 역사 연구를 철학함의 핵심으로 여긴 최초의 인물이기도 하다.

철학은 사상으로 파악된 그 시대다

헤겔은 생각을 움직이는 운동으로 본다. 생각은 박물관에 진열된 죽은 유물이 아니다. 살아 있는 생물처럼 끊임없이 움직인다. 헤겔에게 철학적 사유는 살아 움직이는 생각의 운동을 포착하는 것이다. 모든 생각은 처음에는 활발하게 움직인다. 그런데 새로운 생각이 나타나면서 처음의 생각은 이전과 같은 유동성을 상실한다. 생각이 굳어지는 것이다. 그러나 처음 생각이 완전히 사라졌다고 할 수 없다. 새로 등장한 생각 안에 녹아 있을 따름이다. 이 같은 과정은 생각이 운동하는 한 계속 반복된다. 따라서 지금 우리 생각은 생각의 전체 운동의 결과물이라고 할 수 있다. 이러한 운동 과정이 철학의 역사에서 끝없이 논란을 불러일으킨 변증법이다.

헤겔의 생각대로라면 과거의 철학은 책 속에서 활자로 죽어 있는 것이 아니다. 그것은 지금도 살아 있다. 다만 최초의 활발한 유동성을 잃어버리고 가라앉아 있을 뿐이다. 따라서 철학의 임무는 과거의 생각을 박물관에 진열된 유물처럼 잘 정리하는 것이 아니라, 과거의 생각을 현재의 생각 속으로 되살려내는 것이다. 그것은 과거와 현재에 놓인 팽팽한 갈등 관계를 복원하는 것이다. 좀 딱딱한 철학 용어로 표현한다면 생각을 현재화(Vergegenwärtigung)하는 것이라고 해도 좋다. 만약 이런 작업이 없다면 과거는 현재와는 아무런 상관이 없는 이미 흘러간 시대의 유물이 되거나, 또는 시간의 질서에서 벗어난 몰역사적 성격을 띨 것이다. 그래서 헤겔은 이렇게 말한다. "철학은 사상으로 파악된 그 시대다." 그런데 그게 가능할까? 철학은 과연 한 시대를 사상으로 움켜잡을 수 있는가? 헤겔은 그렇다고 본다. 그 비밀의 문을 여는 열쇠가 변증법이다.

칸트 철학의 용어로 쓰인
칸트 철학에 대한 이의제기

헤겔 변증법을 한마디로 정리하기는 간단치 않다. 흔히 알려진 변증법의 3단계 도식, 곧 정명제(These)와 반명제(Antithese) 그리고 종합명제(Synthese), 또는 정-반-합으로 변증법을 설명하는 도식이 머리에 쏙 들어오기는 하지만, 사실 이 도식은 헤겔이 직접 쓴 것은 아니다. 이것은 난해한 헤겔 철학을 솜씨 있게 푼 하인리히 모리츠 샬리보이스(Heinrich Moritz Chalybäus)의 주해에 등장한다.

헤겔의 강의 모습 스케치

헤겔 철학은 칸트에서 출발한다. 근대 독일 관념론 철학 대부분이 그렇지만 헤겔 철학에 등장하는 거의 모든 철학 용어도 칸트 철학에서 차용한 말이다. 헤겔은 단지 그 말에 새로운 뜻을 보탰을 뿐이다. 변증법이라는 말도 그렇다. 칸트는 인간 이성이 자신의 능력의 한계를 벗어나는 일을 하려고 할 때 일어나는 오류에 대한 비판적 분석에 변증법(더 정확하게는 선험적 변증법)이라는 이름을 붙였다. 칸트는《순수이성비판》에서 하나의 명제와 그 명제를 부정하는 반명제가 모두 증명이 된다는 것을 동시에 보여주었다. 논리학의 근간을 무너뜨리는 이 난감한 사태는 도대체 왜 일어났는가? 칸트가 내린 결론은 인간 이성의 한계를 올바로 인식하지 못하고 무제약적으로 사용한 귀결이라는 것이다. 칸트는 이성이 무비판적으로 사용될 때, 이렇게 오작동을 일으킨다는 경고 메시지를 변증법 분석을 통해 던졌다.

헤겔 철학은 칸트가 멈추어 선 곳에서 출발한다. 헤겔은 칸트가 건너지 말아야 할 곳이라고 선언한 금단의 영역으로 진입한다. 그 넘어서지 말아야 할 곳으로 뛰어넘는 지렛대가 헤겔 변증법이다. 이렇게 변증법을 바라보는 칸트와 헤겔의 시선은 정반대로 향한다. 칸트에게 변증법은 멈추어 서야 하는 빨간 신호등이었다면, 헤겔에게 변증법은 미지의 땅으로 인도하는 안내 등이었던 셈이다.

헤겔이 칸트 철학에 가진 불만은 "내용과는 관계가 없는 단순한 주관적인 (평면적) 관념론에 지나지 않는다."라는 것이었다. 칸트 철학의 핵심이라고 할 수 있는 객관의 경험적 내용을 주관의 형식으로 환원하는 '선험적 환원'이 헤겔이 보기에는 지나치게 형식적이었다. 그래서 헤겔은 칸트 철학을 형식주의 또는 주관적 관념론이라고 비판하고, 주관적 관념론을 뛰어넘어 객관적 관념론으로, 그리고 궁극적으로는 절대적 관념론으로 향해 나아간다. 이 절대적 관념론으로 나아가는 방식이 객관과 주관이 서로 교호하는, 또는 상호 매개되었다고 보는 변증법이다.

변증법으로 구성한 거대한 철학체계

헤겔 철학은 체계적이다. 철학사가 요한네스 힐쉬베르거의 촌평을 빌면 헤겔이 만든 체계는 무척이나 거대해, 헤겔 이전에도 또 이후에도 다시는 없을 만큼 방대하다. 동의한다. 이렇게 방대한 철학 체계를 구축한 철학자는 헤겔 이전에는 고대의 아리스토텔레스와 중세의 토마스 아퀴나스 정도뿐이다. 헤겔 이후에는 그처럼 거대한 철학 체계를 구축한 철학자는 없었고, 앞으로도 힘들 것이다.

헤겔이 우리에게 남긴 지적 유산은 그가 구축한 거대한 철학 체계가 아니라 그 체계를 만들고자 동원된 변증법이라는 기술이다. 이 변증법적 기술은 정반합이라는 잘 정돈된 형식으로 암기될 성질의 것도 아니고, 또 이런저런 사례에 일반화해 기계적으로 적용할 성질의 것도 아니다. 헤겔이 말하는 변증법은 내용과 형식이 따로 노는 것이 아니라 내용과 형식이 함께 동행하기 때문이다.

헤겔이 말하는 논리학은 사실의 내용에는 관여하지 않고 오로지 생각하는 방식을 다루는 아리스토텔레스류의 형식 논리학이 아니다. 헤겔의 논리학은 변증법에 따라 자기 본질을 스스로 사유하는 정신의 체계를 다룬다. 그의 표현을 빌면 "스스로 그리고 스스로를 위해(an und für sich)" 있는 이념을 다루는 분야가 논리학이다. 그래서 그는 논리학을 '순수한 이성의 체계', 또는 '순수한 사유의 왕국'이

헤겔의 묘비와 기념우표

라고 부른다. 이 왕국에서 진리는 스스로 그리고 스스로를 위해 존재한다.

헤겔의 논리학은 올바르게 생각하는 방식 또는 규칙을 다루는 학문이라는 범위를 훌쩍 뛰어넘는다. 이것은 그가 논리학을 셋으로 구분하고, 각각에 존재의 논리학과 본질의 논리학 그리고 개념의 논리학이라고 규정한다는 점에서 잘 드러난다. 헤겔은 개념의 논리학을 주관적 논리학, 그리고 존재의 논리학과 본질의 논리학을 객관적 논리학이라고 말한다. 여기에서 객관적 논리학은 주관적 논리학보다 더 높은 위상을 갖는다. 그의 표현을 빌리면 객관적 논리학은 '세계에 관한 학문적 건축물'로, 이것은 오로지 사상을 통해서만 세워진다고 말한다.

잠깐! 이게 논리학인가? 어느 사이에 우리는 생각의 문제를 다루는 것이 아니라 존재의 문제를 이야기하고 있지 않은가? 그렇다면 이것은 논리학의 영역이 아니라 형이상학의 영역이 아닌가? 맞다. 헤겔 철학에서 논리학은 생각의 문제를 다루는 것이 아니라 존재의 문제를 다룬다. 아니, 더 정확하게 이야기하면 양자를 총괄한다. 헤겔 철학에서는 생각과 존재의 구분은 의미가 없기 때문이다.

헤라클레이토스의 주장에
변증법이라는 옷을 입힌 헤겔

헤겔의 변증법은 생각의 범주를 뛰어넘어 존재의 세계에도 적용되는 원리다. 이 존재의 세계에는 당연히 자연도 포함된다. 그런데 그게 묘하다. 헤겔이 보는 자연은 이념이 달리 존재한다. 그의 용어로 말하면 'Andersein', 곧 '다른 존재'다.

자연은 로고스가 자신을 드러내는 과정이다. 기억하는가? 우리는 《철학의 숲, 길을 묻다》 헤라클레이토스 편에서 이 고대 철학자의 핵심 주장을 로고스로 파악했다. 헤라클레이토스에게 만물의 변화를 주관하는 원리는 로고스였다. 만물이 생성하고 변화하고 소멸하는 것은 단지 일회성으로 흐르는 것처럼 보이지만, 거기에는 로고스가 동행한다. 헤겔 철학은 어떤 점에서는 헤라클레이토스의 주장에 변증법이라는 옷을 입힌 것이다. 헤겔 스스로도 헤라클레이토스가 남긴 일백 개가 넘는 짤막한 문장에서 자신의 논리학에 받아들일 수 없는 것은 하나도 없다고 이야기했다.

우리는 또 헤라클레이토스 편에서 헤라클레이토스의 로고스 개념이 원시 기독교의 로고스 사상과 이어진다는 단서를 포착했다고 지적했다. 《요한복음》 첫 대목에 나오는 "태초에 말씀이 있었다."

라는 구절에서 '말씀'은 바로 로고스를 가리킨다. 헤겔은 기독교적 전통에 바탕을 둔 로고스 개념을 통해 자연철학의 원리를 말한다. 헤겔에 따르면 로고스는 자연 안에서 자신을 밖으로 드러낸다. 그의 철학 용어로 풀면 자연은 로고스가 외화한 것이다. 우리가 육신을 가지게 되는 것은 로고스의 빛, 곧 진정한 존재인 이념의 빛이 자신을 드러낸 결과로 해석한다. 또 우리는 로고스의 빛을 통해 정신으로 되돌아가야 한다고 말한다. 그래서 튀빙겐 신학 대학에서 그의 친구인 철학자 프리드리히 셸링(Friedrich Wilhelm Joseph von Schelling), 시인 프리드리히 횔덜린(Johann Christian Friedrich Hölderlin)과 함께 신학을 공부했던 헤겔은 하느님의 이념은 주관과 정신이 되려면 다른 존재(Andersein, 자연)를 스스로에게서 내보냈다가 다시 스스로 안으로 돌아오게 한다고 말한다.

셸링과 횔덜린

이렇게 이념은 스스로 자신을 파악하면서 다른 존재에서 자기 자신으로 되돌아간다. 이것이 바로 헤겔이 말하는 정신철학의 주제다. 뒤집어 말하면, 자연의 목표는 스스로를 죽여 외면성에서 벗어나 정신으로 되돌아오는 것이다. 헤겔은 그 단계를 역시 셋으로 구분한다. 주관적 정신, 객관적 정신 그리고 절대정신이 그것이다. 정신은 개별 인간에게는 주관적 정신으로 나타나지만, 역사 속에 있는 인간 공동체에서는 객관적 정신으로 나타난다. 그리고 이것은 궁극적으로 절대정신으로 자신을 완성한다. 이렇게 정신이 자신을 스스로 드러내는 여러 단계를 설명한 것이 헤겔이 예나 대학에서 나폴레옹의 진군을 보면서 마지막 장을 썼다는 그의 주저《정신현상학》이다.

System
der
Wissenschaft
von
Ge. Wilh. Fr. Hegel
D. u. Professor der Philosophie zu Jena,
der Herzogl. Mineralog Sozietät daselbst Assessor
und andrer gelehrten Gesellschaften Mitglied.

Erster Theil,
die
Phänomenologie des Geistes.

Bamberg und Würzburg,
bey Joseph Anton Goebhardt,
1807.

《정신현상학》의 표지

근대철학의 막내이며 탈근대철학의 맏형

잠시 멈추어 생각해보자. 우리는 왜 오래된 철학 책을 들추어보는가 하는 간단한 질문에서 이야기를 시작했다. 그리고 그 답의 실마리를 찾고자 모든 생각은 살아 움직이는 운동이며, 우리는 그 운동 과정을 총체적으로 이해할 때 비로소 당대를 온전하게 이해할 수 있다는 헤겔의 응답을 들었다. 그는 자신이 살고 있는 시대를 이해하는 방식을 변증법이라고 부르는 생성의 철학으로 철학적 사유에서 역사성을 중시한 철학자라는 점을 확인했다.

헤겔은 《정신현상학》에서 그의 시대를 '새로운 시대', 또는 새로운 시대로 넘어가는 과도기로 규정한다. 오늘의 시대를 새로운 시대 또는 과도기로 규정하는 탈근대철학과 닮은꼴이다. 또 이성의 변증법적 자기 전개가 사회와 역사에 항상 매개되었다는 점을 역설하는 헤겔의 철학은 이성의 역사적 사회적 제약을 강조하는 탈근대철학과 또 닮았다. 위르겐 하버마스(Jürgen Habermas)가 헤겔을 탈근대적 사유를 하는 최초의 철학자라고 말하는 이유도 바로 이 점 때문이다.

다른 한편 헤겔 철학의 목표인 절대 정신의 자기완성은 근대 세계의 완성이기도 하다. 그는 그것을 역사의 종언, 곧 역사의 최종 완성이라고 부른다. 역사의 종언은 헤겔의 생전에도 또 그의 사후에도 근대의 기획을 완성하고자 하는 모든 이의 꿈이었다. 헤겔 자신은 역사의 최종 완성 단계를, 그의 철학을 한 국가의 철학으로 공인해 준 프로이센으로 상정했다. 헤겔이 죽은 뒤 헤겔 좌파와 헤겔 우파로 각각 나뉜 그의 제자들은 이 프로젝트를 끈질기게 추진했다. 이점에서 헤겔은 부인할 수 없는 근대의 아들이기도 하다.

Schopenhauer

"아르투르 쇼펜하우어,"

칸트를 통해 칸트를 넘다 .... 홍 성 기

흄이 제기한 인과관계의 필연성 비판에서 시작된 '지식의 근원'에 대한 질문에 대해 칸트는 철학적 사고의 코페르니쿠스적 혁명을 촉발시킨다. 즉, 지식의 근원은 경험이지만 경험 자체가 지식은 아니며, 경험이라는 재료를 인간의 선험적 개념들(a priori concepts)로 조직한 것이 지식이라는 것이다. 어떻게 보면 극히 당연한 이야기지만, 칸트는 여기에서 한 걸음 더 나아갔다. 즉, 우리 인간이 외부세계에 존재하는 객관적 대상이라고 보는 것은, 칸트의 인식론에 따르면, 단지 사물의 외양인 현상(phenomenon)에 지나지 않으며, 이른바 '물자체(Ding an sich)'는 결코 인간의 인식 영역 안으로 들어올 수 없다는 것이다. 다만 그 접근할 수 없는 물자체가 감각기관을 통해 지각되는 현상의 원인이라는 것이다. 그렇다면 이 글을 쓸 때 보이는 방 안의 시계와 같은 사물은 물론, 매일 같이 지내는 가족조차도 우리는 그 실체를 아는 것이 아니라 다만 그 현상만을 볼 뿐이다. 일단 상식적으로는 부자연스러운 주장이다. 우리에게 염세주의 철학자로 알려진 아르투르 쇼펜하우어(Arthur Schopenhauer, 1788~1860)는 그의 저서 《의지와 표상으로서의 세계(Die Welt als Wille und Vorstellung)》에서 칸트의 이 부자연스러운 인식론을 뒤집으려고 시도했다.

쇼펜하우어의 생애 철학 교수로의 행로

모든 진리는 인정받기 전에 세 단계를 거친다. 첫째 조롱 받으며,

둘째 반대에 부딪히고, 셋째 자명한 것으로 간주된다.

쇼펜하우어는 1788년 2월 22일 지금은 폴란드의 그단스크(Gdańsk)로 불리는 오래된 도시 단치히(Danzig)에서 태어났다. 한자동맹(Hanse)에 속하던 자유도시 단치히가 프로이센에 합병되자 쇼펜하우어의 아버지는 함부르크로 이주했다. 국제무역에서 성공한 상인이었던 쇼펜하우어의 아버지는 아들이 그의 가업을 이어받기를 원했다. 이점은 쇼펜하우어의 이름 'Arthur'가 독일, 영국, 프랑스어에서 같은 철자로 쓰인다는 사실에서도 알 수 있다.

1805년 아버지가 사망하자 쇼펜하우어는 2년간 더 함부르크에서 가업을 이어받아 운영했다. 그러나 그 사이 괴테와 친분이 있었던 문필가 어머니는 바이마르로 이주해 문학 살롱을 열었다. 쇼펜하우어는 아버지의 죽음을 순식간에 잊고선 사교계로 진출한 어머니와는 서로의 작품을 인정하지 않고 혹평하는 등 매우 사이가 좋지 않았다. 1809년 쇼펜하우어는 괴팅겐 대학에서 공부를 시작해 1813년 예나 대학에 논문 〈충족이유율(充足理由律)의 네 가지 근원에 관해(Über die vierfache Wurzel des Satzes vom zureichenden Grunde)〉를 제출해 박사 학위를 받았다.

1814년부터 드레스덴에 머물면서 쇼펜하우어는 박사 학위 논문을 확장한 《의지와 표상으로서의 세계》를 쓰기 시작해 1819년에 출

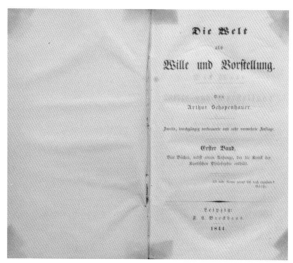

《의지와 표상으로서의 세계》 표지

판했다. 1820년 베를린 대학에서 강사 자리를 얻은 쇼펜하우어는 헤겔의 인기 강의 시간에 맞추어 자신의 강의를 개설했으나, 전해지는 바에 의하면 불과 5명만이 수강 신청을 했다고 한다. 쇼펜하우어는 그가 신랄하게 비판했던 헤겔의 명성에 가려 철학 교수로의 행로는 처음부터 큰 타격을 받았다. 1825년 베를린 대학에서 다시 한 번 강의를 시도했으나 역시 실패했다. 1831년 콜레라 유행을 피해 베를린을 떠나 프랑크푸르트로 이주한 쇼펜하우어는 생전에 다시 대학 강단에 서지 않았다.

물자체와 현상과의 관계 칸트에 대한 비판

●

칸트의 철학을 철저히 공부하는 것이 이 강의를 듣기 위한 유일한 전제이다.
독자가 이외에도 신과 같은 플라톤을 학교에서 배웠다면
나의 이야기를 듣기 위해 더욱더 준비되고 예민해질 것이다.
여기에 추가해 독자가 베다 경전을 읽는 축복을 받았다면……
– 《의지와 표상으로서의 세계》 서문

쇼펜하우어는 물자체와 현상의 관계에 대해 두 가지 측면에서 칸트를 비판했다. 우선 이 양자가 '원인-결과'의 관계에 놓였다고 본 칸트의 오류를 지적했다. 인과관계란 경험 세계 속의 사건들 간의 관계이므로, 경험 저편에 있다고 가정되는 물자체는 결코 그 어떤 것과도 인과관계를 맺을 수가 없다는 것이다. 서로 다른 범주에 속하는 대상들의 법칙성을 혼동하는 문제에 대해 쇼펜하우어는 이미 그의 박사 학위 논문에서 피히테와 헤겔 등의 독일관념론을 신랄하게 비판했다.

둘째, 칸트가 우리의 인식능력이 접근할 수 없다고 본 물자체가 실은 결코 인식 영역 밖에 있는 것이 아니라는 점이다. 여기에서 쇼펜하우어의 관찰은 이론 작업에만 몰두하는 철학자들이 범하는 흔한 오류, 즉 인간의 인식이란 항상 숙고된 것이라는 착각을 비판하면서 시작된다. 약 한 세기 후에 등장한 철학자 루트비히 비트겐슈타인 역시 이 문제의 중요성을 잘 알고 있었다.

나는 동물 하나를 보고 있다. 사람들이 나에게 묻는다. "너는 뭘 보고 있니?"
나는 대답하기를, "토끼." 나는 풍경을 보고 있다.
별안간 토끼 한 마리가 뛰어가고 있다. 나는 "토끼!"라고 외친다.
보고(Meldung)와 외침(Ausruf) 모두 지각과 시각 체험의 표현이다.
그러나 외침은 보고와는 다른 의미에서 그렇다. 외침은 우리로부터 빠져나간다.
그것은 마치 비명이 고통에 대해 갖는 관계와 흡사하다.
— 루트비히 비트겐슈타인, 《철학적 탐구》

여기에서 보고는 관찰자가 숙고 끝에 내린 인식 결과이지만, 외침은 그런 숙고 없이 즉각적인 반응을 의미한다. 예를 들어 비트겐슈타인은 "나는 내가 고통스럽다는 것을 안다."라는 문장이 문법적으로는 옳지만 내용적으로는 틀리다고 생각한다. 누가 바늘로 나를 찌르면 나는 '아야!' 하고 직접적으로 반응하지 '나는 내가 고통스럽다는 것을 안다'는 등의 '괴상한' 문장을 말하지 않는다. 반면에 타인의 비명이나 찡그린 얼굴 표정을 보고 나는 그가 고통스럽다는 것을 간접적으로 안다. 바로 이런 이유로 비트겐슈타인은 앞의 "토끼!"의 예에서 외침이 우리 몸에 대해 갖는 관계는 비명이 고통에 대해 갖는 관계와 흡사하다고 말했다. 이때 외침과 몸, 비명과 고통은 실은 분리될 수 없는 하나의 전체를 의미한다. 따라서 외침의 경우 어떤 물체를 지각하고, 그것이 무엇인지 살펴보고(패턴 매칭), "토끼!"라고 발화하는 3단계의 인식 행위가 아니라, 지각부터 외침까지 전혀 분리될 수 없는 하나의 행위를 의미한다.

내가 나의 몸을 움직이는
추동체로서의 의지, 물자체

쇼펜하우어에 따르면 우리는 우리의 몸을 외과 수술의가 환자를 보듯 제3자의 입장에서 인식할 수도 있지만, 1인칭 시점에서 즉 내적 지각을 통해 접근할 수도 있다. 즉, 나는 욕망과 집착, 기대 등을 통해 나의 몸을 움직이며, 이런 행위 후에 나를 돌이켜보았을 때 제3자의 입장에서 바라보는 것과 다른 무엇이 있음을 짐작한다. 쇼펜하우어는 이처럼 나를 직접 행동으로 몰아넣는 인간의 근원적 욕구 전부를 통칭해 '나의 의지'라고 불렀다.

다른 한편 내가 지각을 통해서 숙고 끝에 내린 대상에 대한 인식은 모두 '~으로 보다(see as~)'의 형태를 갖는다. 이때 무엇을 '~으로' 보려면 항상 일종의 패턴(pattern), 관념(idea), 또는 표상(representation)이 필요하다. 이처럼 타자에 대한 제3자 시각에서 얻어진 현상은 비트겐슈타인의 외침이나 쇼펜하우어가 맹목적이라고 본 의지의 작용과는 구별된다. 그렇다면 내가 내적으로 접근할 수 있는 의지가 더 이상 표상의 세계, 즉 현상의 세계에 속하는 것이 아니라면 무엇인가? 쇼펜하우어에 따르면 의지는 바로 물자체라고 보아야 한다. 쇼펜하우어의《의지와 표상으로서의 세계》는 바로 이 점, 즉 의지라는 물자체의 세계와 표상이라는 현상의 세계를 모두 이야기해야만 정상이라는 점을 칸트의 인식론과 대비해 말한다.

내가 나의 몸을 움직이는 추동체로서 의지를 물자체로 확인했다면, 이 점은 곧 역지사지(易地思之)해 타인과 인간 이외의 모든 감정이 있는 동물에게로 확산될 수 있다. 이 모든 동물의 공통점으로 볼 수 있는 것은 '살고자 하는 의지(Wille zum Leben)'이다. 이제 한 걸음 더 나아가 의지로 움직이는 존재의 단위를 점차 확대한다면 개인에서 국가, 그리고 최종적으로 세계로까지 나아갈 수 있다. 여기에서 세계의 의지(Wille)는 이 세계의 물자체로서 모든 세계의 움직임은 바로 이 의지의 표현이 된다. 쇼펜하우어 본인이 여러 번 강조했듯이 이 세계의 유일한 실체로서 브라만(Brahman)을 상정하는 고대 인도의 사상과 그의 철학은 이제 매우 분명하게 유사성이 드러난다.

의 지	표 상			
	불가지적 인식자	인식 대상		
		플라톤의 이데아 (시공을 초월)	시간과 공간	
			육체 (의지의 대상)	외적 대상

삶의 고통을 철학적 주제로 선택한
용기 있는 철학자

마음에 대한 의지의 힘은 건장하지만, 눈먼 사람이 앞을 볼 수 있지만,
마비된 사람을 어깨에 메고 가는 것과 같다.

쇼펜하우어의 묘비와 기념우표

　삶을 욕망하고 기대하고 집착하는 의지는 쇼펜하우어에 의하면 맹목적이다. 맹목적 의지에 휘둘리는 인간의 삶 역시 맹목적이며, 따라서 고통스럽다. 왜냐하면 인간의 행동은 목적이 없고 무의미한 쾌락 추구 이상도 이하도 아니기 때문이다.

모든 욕구는 필요로부터, 즉 결핍에서 생긴다. 그것이 충족되면 욕구는 사라진다. 그러나 충족된 욕구가 한 가지라면 적어도 열 가지는 거부된 채로 남는다. 더구나 욕망은 오래 계속되고 욕구는 한이 없으며, 충족은 잠깐이고 그나마도 부족하게 채워지기가 일쑤이다. (중략) 그것은 마치 오늘을 연명시켜

> 삶의 고통을 내일까지 연장시키는 거지에게 베푼 자선과 같은 것일 뿐이다.
> ― 《의지와 표상으로서의 세계》

따라서 의지로부터 벗어나는 것이 삶의 고통을 덜어내는 길이다. 쇼펜하우어가 인도나 초기 기독교의 금욕주의에 경도된 것은 바로 이런 이유에서이다. 여기에서 쇼펜하우어 자신도 인정하듯이 그의 사상은 불교와 유사하다. 예컨대 인생은 고통이며, 고통은 집착에서 생기나, 고통의 원인은 소멸될 수 있으며, 고통을 소멸하는 길이 있음을 말하는 고집멸도(苦集滅道)의 사성제(四聖諦)와 그의 사상은 유사하다.

쇼펜하우어는 불교에 대한 친근감과 그의 철학의 유사성을 인정했지만, 구체적으로 이 점을 밝히지는 않았다. 그뿐만 아니라 불교에서 보는 고통의 원인은 무명(無明)인데, 본디 무명이란 '고통의 원인이 무엇인지 모르는 것'을 의미한다. 바꿔 말해 '고통의 원인이 무엇인지 모르는 것이 바로 고통의 원인'이라는 자기지시적(self-referential) 구조를 지니어 실제로 고통을 벗어나기 전에는 무명이 무엇인지도 알 수가 없다. 우리가 안다고 착각하는 것은 다만 문자에 불과하다. 이 점은 의지, 즉 욕구나 욕망이 고통의 원인이라고 본 쇼펜하우어의 직설적인 분석과는 사뭇 대조적이다. 그러나 삶의 고통을 철학적 주제로 선택한 쇼펜하우어의 용기와 정직성은 높게 평가할 수 있다.

쇼펜하우어의 철학은 예술이나 심리학의 영역에서 많은 영향을
끼쳤다. 쇼펜하우어는 의지의 욕구에서 벗어나 사물의 이데아를 정
관하는 순간은 바로 예술 작품의 창작과 향수에 있다고 생각했기 때
문이다. 그것은 비록 지속적이지는 않지만 구름 사이로 잠깐 햇살이
비추듯 인생의 고통을 잊게 해주는 순간을 의미한다. 쇼펜하우어가
정언명령의 화신 칸트에 대해 독설을 퍼부으며 계몽주의를 비판한
니체에게 영향을 끼친 것도 무리가 아니다.

Darwin

"찰스 다윈"

진화론과 철학 .... 박 일 호

"눈부신 정신을 소유하고 있고, 지적으로 무척 담대할 뿐만이 아니라, 박물학자, 철학 이론가, 실험과학자의 최상의 덕목을 고루 결합하는 능력을 가진 사람은 세상에서 지금껏 단 한 명밖에 없었다. 그것은 바로 찰스 다윈이다." 이것은 뛰어난 동물학자이자 진화론자인 에른스트 마이어(Ernst Walter Mayr)의 말이다. 여기에서 그는 우주와 생명의 역사에 대한 19세기 초반 이론을 독창적이고 대담하게 결합해 진화론을 만들어낸 찰스 다윈(Charles Robert Darwin, 1809~1882)의 천재성을 극찬한다. 이렇게 많은 과학자들 사이에서 그의 천재성과 위대함은 의심의 여지 없이 받아들여진다. 심지어 최근 어떤 과학자는 자폐증 환자들이 가끔씩 가지는 극단적 천재성을 이용해 다윈의 독창성과 천재성을 설명하기도 했다. 1809년에 태어난 다윈은 50살이 되던 해인 1859년에 《종의 기원》을 발표했다. 이 책으로 그는 현대 지성계에 강한 충격을 주었다. 어떤 사람들은 그 영향이 워낙 막강해 진화론이 없던 시대를 상상하기 어려울 정도라고 말한다.

다윈의 진화론,
과학 분야를 넘어서 광범위한 영향을 미치다

다윈이 태어난 지 200년, 《종의 기원》 출판 150년이 되었던 2009년에는 한국에서도 다윈에 대한 많은 책이 출판되었고, 많은 학술대회와 강연이 있었다. 그 덕분에 다윈의 일생과 그의 진화론에 대한 몇 가지는 제법 많이 알려졌다. 이 글에서는 자연과학자로 널리 알려진 다윈에 대해 이야기하려고 한다. 물론 철학에 관련해 이야기해야 하는 만큼 다윈의 개인적인 면모나 생물학적인 내용보다는 철학적인 내용에 주목할 것이다. 이를 위해 먼저 간단히 진화론에 대해 살펴보자.

다윈의 진화론은 '자연선택을 통한 공동 후손의 점진적 진화'라고 거칠게 요약된다. 물론 이 진화 과정 속에서 종의 수는 고정되어 있지 않고 증가한다. 여기에서 우선 '자연선택'은 진화의 메커니즘에 해당하는 것이다. 즉, 진화의 역사에서 종의 생존과 소멸이 어떻게 일어나는지 설명해준다. 많이 알고 있듯 그 답은 생각했던 것보다 단순하다. 즉, 자연선택이란 유전적으로 서로 다른 개체가 있을 때 그중에서 가장 환경에 잘 적응한 것만이 생존한다는 말이다. 그 단순성은 너무 놀랍다. 가령 '다윈의 불독'이라고 불렸던 토머스 헉슬리(Thomas Henry Huxley)는 《종의 기원》을 읽은 뒤 "지금까지 그런 생각을 하지 못했다니 얼마나 어리석은가!"라고 말하기도 했다. 두 번째로 '공동 후손'은 모든 생명들이 하나의 공동의 조상에서 비롯되었다는 것이다. 이것은 18세기 많은 과학자들이 받아들였던 '존재의 대사슬 이론', 또는 '존재의 사다리 이론'과 충돌한다. 뒤에서 설명하겠지만, 공동 후손 이론은 생명들 사이의 관계를 사다리보다는 나무에 비유한다. 마지막으로 '점진적 변화'는 도약적 변화와 대립된다. 이런 진화 과정은 아주 긴 시간을 두고 점진적으로 일어나며 급작스럽게 새로운 개체가 만들어지는 것은 아니라는 말이다.

다윈의 이런 생각에는 당시 다양한 이론이 영향을 주었다. 가령 급변적 진화가 아닌 점진적 진화를 수용한 것은 찰스 라이엘(Charles Lyell)의 '지표면의 역사에 대한 동일 과정설'에서 영향을 받은 것이며, 자연선택은 인위적으로 품종을 개량하는 '인위선택'과 경쟁을 중요시하는 토머스 맬서스(Thomas Malthus)의 《인구론》의 영향을 받은 것으로 알려졌다. 물론 다윈의 위대함은 단지 그가 이러저러한 영향

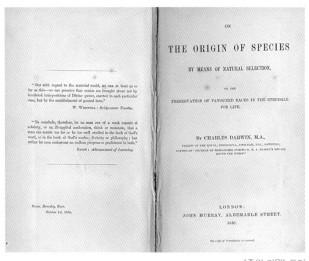

《종의 기원》 표지

을 받았다는 데 있지 않다. 그는 진화론을 통해 협소한 자연과학 분야를 넘어 철학, 종교, 사회 등에 광범위한 영향을 끼친 인물이다. 이제 이것을 살펴볼 시간이다. 이를 위해 다윈의 책을 뒤져 그의 말을 직접 살펴보자. 그리고 그것의 철학적 의미를 생각해보자.

위기에 직면한 인간 중심주의
다윈의 진화론을 통해 파산

●

생물들은 가지가 불규칙하게 달린 나무와 같다.

이 말은 앞에서 언급한 공동 후손에 대한 것이다. 즉, 생물은 나뭇가지와 같이 하나의 뿌리에서 비롯되었다는 말이다. 이것에서 비롯된 철학적 충격은 자연 속 인간의 위치가 변했다는 것이다. 인간도 생물이다. 따라서 인간도 생명 나무의 한 가지에 불과하다. 당시 사람들은 가장 하등한 것부터 가장 고등한 인간까지 하나의 큰 사다리를 이루며, 하등한 생명은 고등한 인간을 위해 존재한다고 생각했다. 이것이 앞에서 말한 존재의 사다리 또는 존재의 대사슬 이론이다. 그러나 진화론을 받아들이면 세계 내 인간의 특권 지위는 사라져버린다. 코페르니쿠스에게서 시작한 근대 천문학의 혁명과 뒤 이은 다윈의 진화론은 인간중심주의를 파산시켜버렸다. 이에 다윈은 다음과 같이 말한다.

●

인간은 오만하게도 자신이 대단히 위대한 신의 작품이어서 자신의 위치를 신과 그 피조물 사이에 놓을 만하다고 생각한다. 좀 더 겸허한 소견으로, 나는 인간이 동물로부터 만들어져 나왔다고 생각하는 것이 옳다고 믿는다.

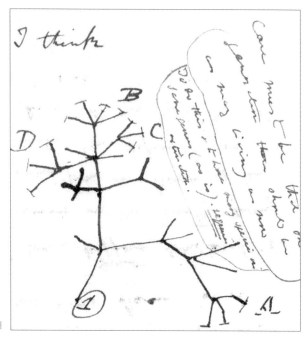

생명 나무 스케치

천문학혁명에서 인간중심주의는 균열을 일으켰지만 그 위기는 심각하지 않았다. 신은 여전히 인간을 위해 자연을 만들었으며, 자연을 탐구해 신의 권능을 세상이 알리는 것이 인간인 과학자의 목표였다. 하지만 진화론은 이런 목표를 사라지게 했다. 그것은 다음에 설명할 다윈 진화론의 이론적 특징에서 비롯되었다.

과학에서 점점 멀어지는 신학
자연은 목적 없이 진화한다

●

허셸이 내 책은 '잡동사니들에 관한 법칙'이라고 말했다는군요.
그가 무슨 의도로 이렇게 말했는지는 모르겠지만,
제 책을 경멸하는 것은 분명하군요.

존 허셸(John Herschel)은 《종의 기원》에 대해 왜 이렇게 악평했을까? 그것은 과학 방법론과 관계 있다. 당시 물리학자들은 어떤 이론이 과학적이려면 수학적인 방법을 이용해 일반 법칙을 제시해야 한다고 생각했다. 그리고 그 일반 법칙으로부터 정확한 예측과 설명을 할 수 있다고 여겼다. 여기에서 일반 법칙은 초기 조건이 주어졌을 때 앞으로 무슨 일이 일어날지 정확하게 결정하는 법칙을 말한다. 다른 말로 그것은 결정론적인 법칙이다. 이렇게 결정론적인 일반 법칙을 과학자들이 선호하는 것에는 종교적인 영향도 있다. 당시 물리학자들이 생각하기에 신은 특별한 계획에 따라 이 세계를 창조했다. 그리고 그 계획을 발견하고 그것의 위대함을 밝히는 것이 과학자의 임무였다. 즉, 우주를 지배하는 조화로운 수학적 일반 법칙을 발견해 그 법칙을 만든 신의 권능을 드러내는 것이 과학자의 소명이라고 여겼다.

존 허셜

진화론은 그렇지 않다. 다윈의 진화론은 통계적이다. 즉, 진화론은 어떤 변이체가 있을 때, 그 변이체가 나중에 생존할지 멸종할지 분명히 결정해주지 않는다. 단지 통계적으로 그럴 개연성이 있다는 것 정도만 말해준다. 이렇게 확률적인 이론이 우주의 결정론적 질서를 드러내지 못하는 것은 당연하다. 따라서 신의 권능도 드러내지 못한다. 진화론은 대충 뒤죽박죽 섞인 것들, 잡동사니들에 대한 법칙일 뿐이다. 만약 이것이 역시 과학 이론이라면 더 이상 과학은 신의 권능을 드러낼 수 없고, 그러고자 노력할 필요도 없다. 이제 과학은 점점 더 신학에서 멀어지게 된다. 더욱이 자연은 신이 설계한 법칙에 따라 변하는 것이 아니라, 자연선택이라는 확률적인 메커니즘에 따라 변화한다. 그래서 자연의 변화는 (설령 그것이 있다고 하더라도) 신의 의도와 필연적으로 일치하지 않는다. 더욱이 자연 변화의 목적이 신의 의도를 실현하는 것이었다면, 이제 자연은 목적 없이 진화한다.

진화에서 목적론적인 성격이
사라진 다윈의 진화론

자연선택이 필연적으로 절대적인 완벽함을 산출하는 것은 아니다. 그뿐만 아니라
지적 한계 때문에 우리는 어디에서도 절대적인 완벽함을 찾을 수 없다.

과학철학자 토마스 쿤(Thomas Kuhn)은 진화에서 목적론적인 성격이 사라진 것이 다윈의 진화론이 겪은 가장 의미 깊고 수용하기 곤란한 문제였다고 진단한다. 다윈의 진화는 절대적인 완벽함을 위해 나아가는 목표 지향적인 과정이 아니다. 아마도 여기 인용문에서 '절대적인 완벽함'은 신이 인간을 위해 마련한 목적일 것이다. 즉, 다

원의 자연선택에 따라 실현되는 진화는 신이 인간에게 제시한 목적을 향해 필연적으로 진행되지 않는다. 기본적으로 확률적 메커니즘인 자연선택에서 필연적인 진화는 성립할 수 없다. 이런 목적 없는 진화는 흥미로운 문제를 일으킨다. 대표적인 것이 진화와 진보 사이의 관계다. 만약 목적론적 성격의 진화론을 받아들인다면, 진화와 진보 사이의 관계는 분명하다. 점차 목적에 가까워지는 진화가 바로 진보로 간주될 것이다. 하지만 진화에서 목적이 사라졌을 때, 진화와 진보 사이의 관계는 다루기가 어려워진다. 몇몇 과학자들은 종교적이고 형이상학적인 목적을 도입하지 않고 진보를 정의하려고 했다. 가령 구조적 복잡성의 증가나 환경에서 독립한 정도를 진보로 정의하려고 했다. 하지만 훨씬 구조가 복잡하더라도 진보했다고 말할 수 없는 생명체도 있으며, 환경에서 독립한 정도는 애초에 측정하기 어렵다는 문제도 있다. 이런 진화와 진보 사이의 문제점은 그것을 인간 사회에 적용했을 때 더욱더 심각해진다. 특히 개혁적인 사람들은 진보를 부정하는 다윈의 진화론은 보수적이며 자본주의 이데올로기를 옹호할 뿐이라고 말하기도 한다. 카를 마르크스 역시 자신의 역사적 변증법이 다윈의 자연과학 이론에 의해 뒷받침된다고 생각했지만, 인간의 역사 발전에서 임의적이고 우연적인 자연선택을 받아들여서는 안 된다고 생각했다. 왜냐하면 마르크스 자신의 역사 이론은 '필연적인' 진보에 대한 것이었기 때문이다. 사물의 역사이든, 생명의 역사이든, 인간 사회의 역사이든 그것들의 필연적인 방향이란 것이 있을까? 어쩌면 진화를 통해 만들어진 역사가 사후에 재구성된 것이 진보인지도 모르겠다. 우리가 필연적 목적이라고 착각하는 것은 진화의 전체 과정을 가로질러 고정된 것이 아니라 진화의 매순간 새롭게 규정되는 것이 아닐까? 마지막으로 좀 더 철학적인 주제를 살펴보자. 그것은 종과 본질에 대한 것이다.

다윈의 진화론이 타격을 가한
오래된 철학 개념, 본질주의

우리는 종이라고 하는 용어가 지니고 있는 아직 발견되지 않은
그리고 발견할 수 없는 본질을 헛되이 찾고자 하는 노력으로부터
최소한은 자유롭게 될 것이다.

다윈의 진화론이 타격을 가한 가장 역사적으로 오래된 철학 개념은 바로 본질주의다. 만약 본질주의를 받아들이면 진화는 불가능하거나 설사 가능하더라도 점진적인 변화가 아니라 도약적인 변화만이 가능하다. 본질이란 자연 세계에 고정된 것으로 어떤 상황에도

바뀌지 않는 것을 말한다. 다윈 이전에 많은 과학자나 철학자는 자연종(natural kind) 역시 본질이라고 생각했으며, 한 종에서 다른 종으로 바뀔 수 없다고 생각했다. 하지만 이런 본질주의적 종 개념을 받아들이면 진화가 불가능하다는 것은 쉽게 납득할 수 있다. 왜냐하면 본질은 바뀔 수 없기 때문이다. 더욱이 본질을 공유하는 개체가 있다면, 그들 사이에 경쟁은 불가능해지고 자연선택도 일어나지 않을 것이다. 왜냐하면 본질을 공유하기 때문에 개체가 서로 다르지 않다면 그들 중에서 적응을 잘하는 것과 그렇지 못한 것이 있을 리 없기 때문이다. 설사 진화가 가능하다고 할지라도 점진적일 수 없다. 본질주의에 따르면 종이 지닌 본질은 변할 수 없다. 그럼에도 진화가 일어난다면 어떻게 그것이 가능한가? 그것은 생명의 역사에서 종이 단번에 등장하거나 단번에 사라지는 경우에는 가능하다. 이렇게 본질주의를 받아들이면 종은 서서히 변하는 것이 아니라 도약할 수밖에 없다. 하지만 다윈은 이것을 부정한다. 다윈은 "자연은 비약하지 않는다(Natura non facit saltum)."라고 말했다. 이렇게 본질주의를 받아들이면 진화를 부정하거나 도약적 진화를 주장해야 한다. 하지만 본질주의를 받아들이지 않는다면 그럴 필요가 없다. 본질주의를 받아들이지 않는다는 것은 어떤 존재의 본질 이외의 것, 즉 그것의 개체성에 더 주목한다는 것이다. 이제 다윈에게 중요한 것은 개체의 본질이 아니라 개체 자체다. 자연선택에서 따져봐야 할 것은 종의 생

다윈을 풍자한 당시의 캐리커처

존이 아니라 개체의 생존이다. 다윈 진화론의 이런 특징으로부터 우리는 "존재하는 것은 개별자밖에 없다."라는 유명론적 특징을 관찰할 수 있다.

생물학적 의미에서 다윈의 혁명은 한계가 있었다. 그것은 변이가 어떻게 계승되느냐의 문제였다. 그 문제를 해결하는 데에는 멘델에서 비롯된 유전학이 큰 역할을 한다. 한참을 잠잠하게 지냈던 진화론은 20세기 초반 유전학이 새롭게 발견됨에 따라 훨씬 더 강력하게 부활한다. 유전학과 진화론이 통합되는 1940년대 생물학의 지적 변화를 현대적 종합(Modern Synthesis)이라고 부른다. 현대에서 진화론은 단지 생물학에 국한되지 않다. 철학적으로는 진화인식론, 진화윤리학 등의 분야가 만들어져 연구되며, 철학 이외에서 진화심리학, 진화경제학 같은 분야도 등장했다. 아직도 혁명은 계속되고 있으며, 지금 그 영향력을 예단하는 것은 성급할 뿐이다.

Mill

"존 스튜어트 밀"

공리주의 완성자 .... 송 하 석

영국은 서구의 어떤 나라보다도 일찍 시민혁명과 산업혁명을 겪었다. 그 결과 영국은 다른 서구

제국보다 앞서 식민지 개척에 뛰어들 수 있었고, 19세기에 접어들면서 해가 지지 않는 나라, 곧

세계의 패권국이 되었다. 역사가들은 19세기의 100여 년을 대영제국의 세기, 팍스 브리타니카

(Pax Britannica)의 시기로 부르기도 한다. 이 무렵 영국은 정치적으로는 민주주의, 경제적으로는

자유주의 시장경제 체제를 토대로 발전을 거듭했지만, 산업혁명 이후 새롭게 등장하기 시작한 산

업자본가와 그들에 의한 노동자 억압은 중요한 사회적 현안이 되었다. 19세기까지 영국은 국왕

과 귀족 그리고 시민이라는 세 계급의 타협으로 민주정치가 발전했는데, 이로 인해 국가권력의 억압은 줄어들었지만 자본주의의 발달로 인해 자본이라는 새로운 억압 기제가 나타났다. 공리주의는 이러한 자본의 억압에 대한 자유주의적 해법이 요구되는 상황에서 등장한 사회윤리학설이라고 할 수 있다.

최대 다수의 최대 행복
벤담의 윤리학적 쾌락주의

자연은 인류를 고통과 쾌락이라는 두 군주의 지배 아래 두었다.
우리가 무엇을 할지 결정하는 것은 물론,
우리가 무엇을 해야 할까를 지적하는 것도 오로지 이 두 군주에 달려 있다.

이 유명한 구절은 공리주의의 창시자 제러미 벤담(Jeremy Bentham)의 《도덕과 입법의 원리 서설》의 첫 문장이다. 벤담은 윤리의 토대를 기독교적 신성도 칸트적 이성도 아닌 인간의 감성에서 찾았다. 그는 인간의 행위의 목적이 쾌락의 증대와 고통의 감소에 있다고 주장하며 그의 공리주의 이론을 전개한다. 즉, 그는 어떤 행위가 윤리적으로 옳은 행위가 되려면 행위자와 그 행위와 관련된 모든 사람들의 쾌락을 최대한으로 증가시키고 고통을 최소한으로 감소시켜야 한다고 주장한다. 그는 자신의 윤리학설의 기초가 되는 유용성의 원리(principle of utility)를 '모든 행위에 대해 그 행위가 관련된 사람의 행복(쾌락)을 증진하는 경향을 가졌는가 감소하는 경향을 가졌는가에 따라 그 행위를 시인하고 비난하는 원리'라고 정의한다. 어떤 행위가 가능한 한 많은 사람에게 가능한 한 최대의 행복을 초래하는 행위가 옳은 행위이라는 것이다. 이것이 바로 그의 유명한 도덕 원칙, '최대 다수의 최대 행복(the greatest happiness of the greatest number)'이다. 결국 벤담은 인간의 행위가 쾌락의 증가와 고통의 감소를 목적으로 한다는 심리학적 쾌락주의를 근거로 쾌락을 증가시키고 고통을 감소시키는 행위가 윤리적으로 옳은 행위라는 윤리학적 쾌락주의를 추론한다.

제러미 벤담

밀, 벤담을 계승해
공리주의 윤리학설을 정립하다

존 스튜어트 밀(John Stuart Mill, 1806~1873)도 심리학적 쾌락주의에서 윤리학적 쾌락주의가 추론된다는 벤담의 입장을 수용한다. 효용과 최대 행복 원리가 도덕의 기초라고 주장한다는 점에서, 그리고 행복이란 고통이 없는 상태이거나 쾌락이고 효용도 쾌락에 다르지 않다고 보았다는 점에서 밀도 벤담주의자라고 할 수 있다. 밀은 인간이 가장 원하는 것은 행복이며, 그렇기 때문에 행복을 증진시키는 행위는 옳은 행위이고, 행복을 감소시키는 행위는 옳지 못한 행위라고 주장한다. 따라서 밀은 "쾌락과, 고통이 없는 상태야말로 목적으로서 바람직한 유일한 것이며, 바람직한 모든 것은 그 자체에 들어 있는 쾌락 때문에, 또는 고통을 막고 쾌락을 늘려주는 수단이 되기 때문에 바람직하다."라고 말한다. 벤담을 계승해 공리주의 윤리학설을 정립한 밀의 주장을 다음과 같이 정리할 수 있다.

1. 어떤 것이 바람직하다는 유일한 증거는 사람들이 실제로 그것을 바란다는 것이다.
2. 사람들이 실제로 바라는 것은 각자의 행복이다.

3. (1, 2로부터) 각자의 행복은 각자에게 바람직한 것, 즉 각자에게 선이다.

4. (결론) 사회 전체에 바람직한 것은 사회 구성원 전체의 행복이다.

먼저 첫 번째 명제를 살펴보자. 사람들이 실제로 무엇인가를 바란다고 해서 그것이 바람직하다고 할 수 있을까? 밀은 우리가 무엇인가를 본다(see)는 사실은 그것이 가시적(visible)임의 증거이고, 우리가 무엇인가를 듣는다(hear)는 사실은 그것이 가청적(audible)임의 증거이듯이, 우리가 무엇인가를 바란다(desire)는 사실이 곧 그것이 바람직한(desirable) 것임의 증거라고 말한다. 비록 어떤 것을 본다 또는 듣는다는 사실이 그것이 가시적이거나 가청적임의 증거이지만, 우리가 어떤 것을 바란다고 그것이 곧 바람직하다고 말할 수는 없다. 우리는 자주 도덕적으로 옳지 않은, 바람직하지 않은 것을 바라기도 하기 때문이다. 결국 우리가 무엇인가를 바란다는 사실에서 그것이 바람직하다는 것을 타당하게 추론할 수 없다. 우리가 어떤 것을 바란다는 것은 사실에 관한 명제이지만, 어떤 것이 바람직하다는 것은 가치에 관한 명제이다. 이렇게 사실에 관한 명제로부터 가치에 관한 명제를 추론하는 잘못을 자연주의적 오류(naturalistic fallacy)라고 한다. 심리학적 쾌락주의로부터 윤리학적 쾌락주의를 추론하는 벤담의 추론도 마찬가지로 자연주의적 오류를 범하는 것이라고 할 수 있다.

"인간의 행위가 쾌락의 증대와 고통의 감소를 목적으로 한다."라는 사실에서 "쾌락의 증대와 고통의 감소를 초래하는 행위가 도덕적으로 옳은 행위이다."라는 주장을 추론하기 때문이다.

세 번째 명제는 윤리학적 쾌락주의의 주장이지 공리주의의 주장이 아니다. 공리주의가 의미하는 행복은 단순히 개인의 행복이 아니라, 사회적 관점에서 논의되어야 하기 때문이다. 그래서 세 번째 명제에서 네 번째 결론으로 추론하는 것이 필요하다. 그런데 과연 사회 전체의 행복의 총량은 사회 구성원의 행복의 총량의 단순합일 수 있는가? 이에 대해 논리적으로 합성(composition)의 오류라는 비판이 제기되기도 한다. 합성의 오류란 어떤 집단의 구성원 하나하나가 갖는 성질을 집단 자체가 갖는다고 추론하는 오류이다. 예를 들면, 어떤 사회의 구성원이 모두 각각 존경하는 사람을 갖는다는 사실에서 그 사회 전체가 존경하는 사람이 있다고 추론하는 오류이다. 이 추론이 합성의 오류를 범하는지에 대해서는 논란의 여지가 있지만, 구성원 개인의 행복의 총합이 곧 사회 전체의 행복의 총량이라고 할 수 없는 경우가 얼마든지 있다.

그렇다면 밀은 세 번째 명제에서 네 번째 결론으로 추론하는 것을 어떻게 정당화하는가? 밀은 이에 대해 인간이 사회적 동물이라는 점을 지적한다. 인간은 그 천성에서 사회적 존재이고, 인간의 사회성은 인류가 야만의 상태에서 멀어져갈수록 점점 강화되는데, 인간의 사회성은 서로 협조하고 모든 사람의 이익을 존중하는 것을 특징으로 한다는 것이다. 밀은 이로부터 개인의 이익과 사회의 이익은 궁극적으로 일치한다고 주장한다. 그래서 밀은 "공리주의의 도덕성은 다른 사람들의 선을 위해서라면 자신이 최대 선까지도 희생할 수 있는 힘이 인간에게 있다."라고 인정한다. 요컨대 인간은 사회성을 자연스러운 특징으로 갖기 때문에 상호 협력할 수 있는 존재이고, 인간의 양심이 모든 사람의 이익을 존중하도록 요구한다는 사실에 호소해 공리주의 윤리학설을 정당화한다.

쾌락의 양에 주목한 벤담
쾌락의 질적 차이에 주목한 밀

여기까지는 밀의 주장과 벤담의 주장이 그다지 다르지 않다. 밀과 벤담이 분명하게 구별되는 중요한 대목은 바로 쾌락의 질적 차이에 대한 논의이다. 고대 그리스 시대 이래로 쾌락이 인생에서 가장 추구할 만한 것이라고 주장해온 쾌락주의에 대한 가장 일반적인 비판은 인간을 돼지와 동일시한다는 것이다. 인간이 추구해야 할 것은 쾌락보다 훨씬 고상한 무엇인데, 쾌락주의는 인간의 고귀함을 망각하고 육체적 쾌락만을 추구하는 돼지와 같은 존재로 전락시키는 천박한 이론이라는 것이다. 도덕적 가치의 기준을 오직 쾌락의 양에 있다고 본 벤담과 달리 밀은 쾌락에 질적인 차이가 있다고 주장해 쾌락주의에 대한 전통적인 비판에 맞선다. 돼지가 추구하는 쾌락보다 귀하고 고상한 쾌락이 없다면 쾌락주의에 대한 전통적인 비판은 뼈 아픈 비판이 될 수 있겠지만, 인간이 추구하고 추구해야 할 쾌락이 돼지가 추구하는 쾌락과 질적으로 다른 것이라면 쾌락주의가 인간의 고귀함을 무시한 천박한 이론이라는 비판은 설득력이 없다. 밀은 오히려 인간이 추구하는 쾌락을 돼지의 쾌락과 동일시하는, 쾌락주의를 비판하는 사람들이야말로 인간의 고귀함을 망각하는 어리석은 자들이라고 비판한다. 어떤 종류의 쾌락은 다른 종류의 쾌락보다 더 바람직하고 가치 있다는 것을 인정해야 한다. 이렇게 쾌락의 질적 차이를 인정했다는 점에서 '최대 다수 최대 행복'을 모토로 삼은 벤담의 공리주의를 양적 공리주의라고 부르고, 밀의 공리주의를 질적 공리주의라고 부른다.

그렇다면 어떤 쾌락은 고급의 쾌락이고 어떤 쾌락은 저급한 것인가? 이에 대해 밀은 "두 가지 쾌락에 대해서, 그 두 가지를 모두 경험한 모든 사람 또는 대부분의 사람이 그중 하나를 선택한다면, 그 선택된 것이 좀 더 바람직한 쾌락"이라고 말한다. 다시 말해 만약 두 가지 쾌락을 경험할 수 있는 사람들이 어떤 하나의 쾌락이 다른 쾌락보다 항상 그 양이 적다는 사실을 알면서도 그 쾌락을 선택한다면 바로 그 쾌락이 더 값진 쾌락이라는 것은 의심의 여지가 없을 것이라는 것이다. 이와 관련해 우리는 밀이 행복과 만족을 구분하는 것을 주의해야 한다. 만족이 곧 행복은 아니다. 고귀한 즐거움을 향유하는 능력이 낮은 존재일수록 쉽게 만족을 느끼지만, 인간으로서 지녀야 할 품위와 고귀함을 지닌 존재는 동물의 쾌락에 만족하지 않고 좀 더 높은 가치의 쾌락을 추구할 것이다. 그래서 밀은 "만족해하는 돼지보다 불만족해하는 사람이 낫고, 만족해하는 바보보다 불만족해하는 소크라테스가 더 낫다."라고 말한다. 밀은 정상적인 사람이라면 누구나 인간으로서 지녀야 할 품위와 고귀함을 버리고 돼지가 되기를 원하지 않을 것이라고 가정하는 셈이다.

어떤 행위의 도덕적 평가의 기준을 그 행위가 초래하는 효용에서 찾는다는 점에서 공리주의는 결과주의(consequentialism) 윤리학설이다. 어떤 행위가 도덕적인가 아닌가의 기준을 그 행위의 동기에서 찾은 칸트와 달리 밀은 행위의 도덕적 평가 기준은 결과에 있다고 주장한다. 밀은 우리 인간이 사회 전체 구성원의 행복을 위해 자신의 행복을 희생하는 존재라는 것을 인정하면서도, 그는 그러한 희생 자체가 목적이 될 수 없다고 주장한다. 행복의 총량을 증대시키지 않거나 그럴 경향이 없는 희생은 무가치한 것이라고 주장한다. 모든 행위에 대한 도덕적 평가는 전적으로 결과에 근거하기 때문이다. 그러나 어떤 행위에 대해 우리가 윤리적 판단을 할 때, 일반적으로 그 행위의 동기에 대해서도 고려하는 것 같다. 어떤 행위가 좋지 않은 결과를 낳았어도 그 행위가 좋은 동기에서 비롯됐다면 결과가 나쁘더라도 그 행위에 대해 도덕적으로 비난하지 않거나, 설령 비난하거나 제재하더라도 정상을 참작하는 것이 우리의 일상적인 직관이다. 그런 점에서 어떤 행위에 대한 도덕 판단의 기준을 오직 그 행위의 결과로만 한정하는 공리주의는 직관적이지 않다는 비판도 있다. 이에 대해 밀은 행위의 동기는 사람의 품성을 판별하는 기준이 될 뿐 행위의 도덕성을 평가하는 데는 아무런 상관이 없다고 주장한다. 심지어 밀은 "자신의 행복과 다른 사람의 행복 둘 중에서 하나를 골라야 하는 상황이라면, 공리주의는 그 사람에게 사심 없는 선의의 구경꾼만큼이나 엄격하게 중립적인 자세를 취하도록 요구한다." 라고 말해 도덕의 황금률에서 공리주의의 정수를 발견할 수 있다고 말한다.

인간성에 대한 끝없는 신뢰
밀의 낙관주의적 태도

밀의 공리주의에 대한 지금까지 한 설명에서 읽을 수 있는 분명한 사실 하나는 밀은 인간성을 끝없이 신뢰하는 낙관주의자였다는 점이다. 밀은 인간의 사회성을 서로 협조하고 타인의 이익을 존중하는 경향으로 설명한다. 그뿐만 아니라 질적으로 다른 쾌락 두 가지를 경험한 사람이라면 누구나 질적으로 고귀한 쾌락을 선호할 것이라는 그의 주장을 생각해보라.

누구나 질적으로 고귀한 쾌락을 선호할 것이라고 어떻게 단언할 수 있는가? 그럼에도 밀은 인간은 모름지기 그럴 수밖에 없는 존재라고 말한다. 그의 인간에 대한 믿음은 지나치게 낙관적이고 심지어 소박하다. 이러한 사실은 경험적으로 정당화할 수 없다는 점에서 밀의 철학이 지닌 큰 약점이다.

밀은 도덕적 능력이 내재적인 본성은 아닐지라도 인간의 본성에서 자연스럽게 나타나는 것이라고 주장하고, 인간이 좋은 일에 관심을 갖는 것은 자연스럽고 필연적이라고 말한다. 물론 인간이 모두 도덕적이기만 한 것은 아니다. 그러므로 밀은 공리주의 원리에 법과 사회제도에 관한 견해와 교육에 대한 견해가 포함되어야 함을 지적한다. 즉, 그는 "모든 개인의 행복 또는 이익이 전체의 이익과 가능하면 최대한 조화롭도록 법과 사회제도를 만들어야" 하고 교육을 통해 "모든 개인이 자신의 행복과 전체의 이익 사이에 서로 끊을 수 없는 관계가 있음을 깨닫게" 해야 한다고 주장한다. 밀은 교육과 법, 사회제도를 통해 도덕적으로 성숙한 인간 사회가 가능하다고 믿었다.

냉철한 이성을 소유한 주지주의자
따뜻한 가슴을 지닌 휴머니스트, 밀

우리는 밀의 이러한 모습을 그가 따뜻한 가슴을 지닌 휴머니스트이기 때문이라고 읽는다. 밀의 이러한 면모는 해리엇 테일러(Harriet Taylor)에 대한 열정적인 사랑에서도 분명하게 드러난다. 밀이 스물네 살이 된 1830년, 그는 이미 결혼해 아이까지 있는 해리엇을 처음만난다. 그 후 20년 동안 순수한 지적인 교제를 계속한다. 그들의 교제는 당시 세간의 주목받기에 충분했지만 그들의 이성적인 행동 때

밀과 해리엇

《자유론》의 표지   《여성의 종속》의 표지문에 추문에 이르지는 않았고, 해리엇의 남편인 존 테일러도 그들의 관계를 인정한 것으로 알려졌다. 1849년 존 테일러가 죽자, 밀은 열렬한 구애 끝에 마침내 1851년 해리엇 테일러와 결혼한다. 밀은 기존의 결혼 관계에 존재하는 남성 중심적인 가치를 거부하면서 새로운 결혼 관계를 규정하는 감동적인 결혼 서약서를 남긴다. 그러나 훗날 밀이 자신의 삶에서 가장 행복하고 감격스러운 시기라고 술회한 결혼 기간은 그리 오래가지 못했다. 해리엇이 밀과 떠난 프랑스 여행 중에 패혈증으로 사망했기 때문이다. 그때가 1858년이었으니, 그의 결혼 생활은 7년 남짓이 전부였다. 밀은 해리엇의 사망으로 비탄에 빠져 건강마저 악화된다. 그러나 슬픔을 딛고 일어난 밀은 그 이듬해 그의 저서 중에 가장 널리 알려진 《자유론》을 발표하고, 그것을 해리엇과 공동으로 집필했다고 밝힌다. 1869년에는 여성해방 운동의 성경이라고 할 만한 《여성의 종속》을 발표해 그의 진보적인 사상의 일단을 보여준다.

냉철한 이성을 소유한 주지주의자이면서 동시에 열정적인 가슴을 지닌 낭만주의자 밀은 1873년 "나는 내 일을 다 끝마쳤다."라는 말을 마지막으로 숨을 거두었다. 밀은 "자신보다 뛰어난 사상가요, 자신의 삶의 영광이며 최고의 축복"이라고 찬양했던 자신의 유일한 여자, 해리엇의 곁에 묻혔다.

Marx

"카를 마르크스"

물구나무서기 한 철학 .... 정 재 영

철학은 체계적 틀을 요청하는가, 아니면 체계적 틀을 부수는 데 철학이 요청되는가? 철학의 역사를 살펴보면 두 가지 유형의 철학자가 있다. 체계를 만드는 데 능한 이가 있는가 하면, 그것을 부수는 데 능한 이가 있다. 철학의 역사는 시대가 요청하는 사상의 틀을 세우는 일과 상식의 빈틈을 찔러 거대한 오류 덩어리를 한 방에 날려버리는 일이 번갈아 나타나는 과정이다.

마르크스 철학의 세 가지 원천

카를 마르크스(Karl Marx, 1818~1883)는 이론 체계를 부수는 데도 능했고, 이론 체계를 쌓는 데도 능했다. 마르크스가 세운 철학 체계를 흔히 마르크스주의라고 부른다. 새삼 이야기할 필요도 없이 마르크스주의는 20세기 세계지도를 양분한 거대 이념이다. 그것은 좁은 의미의 철학의 틀을 뛰어넘어 정치와 경제 그리고 사회사상을 총망라하는 거대한 이데올로기다. 또한 마르크스주의는 단순한 건축 설계도가 아니라 실제 건축물을 가리키는 브랜드명이기도 하다. 한때 세계의 절반은 그 건축물로 이루어졌으며, 지금도 한반도의 절반은 그때 세워진 건축물을 사용한다.

러시아 혁명을 성공시킨 블라디미르 레닌(Vladimir Lenin, 1870~1924)는 마르크스주의는 세 가지 원천이 있다고 말한다. 바로 독일 철학과 영국 정치경제학 그리고 프랑스 사회사상이다. 마르크스 사망 30주년 기념식 연설에서 나온 레닌의 이 해석은 도식적이기는 하지만, 마르크스 철학의 성격을 이해하는 데에는 무척 편리하다.

유대계 독일인으로 태어난 마르크스는 당시 프로이센의 수도 베를린으로 건너가 헤겔에게 변증법을 배웠고, 프랑스 파리에서 사회주의 사상을 접했으며, 그 무렵에 만난 평생 친구이며 동지인 프리드리히 엥겔스(Friedrich Engels, 1820~1895)의 권유로 영국의 정치경제학을 연구하면서 그의 필생의 대작《자본론》을 완성했다. 그래서 마르크스 철학은 19세기 유럽의 질서를 흔든 두 개의 역사적 사건, 곧 프랑스혁명과 영국 산업혁명에 대한 독일 철학의 응답이라는 성격을 지닌다.

마르크스는 대부분의 프랑스 사회주의 사상가처럼 사회의 모든 악은 기본적으로 사유재산에서 비롯된다고 바라본다. 앞서 루소 편에서 우리는 인간사회에서 불평등의 기원은 자연 상태를 벗어난 인간이 사유재산을 가지면서 시작되었다는 루소의 주장을 살펴보았다. "자연으로 돌아가라"라는 루소의 유명한 말은 공동체의 이익과

마르크스의 묘비와 기념우표

자신의 이익을 나누어 생각하지 말라는 뜻으로 보아야 한다. 이 점에서 마르크스와 루소는 이해를 같이한다. 마르크스는 루소를 직접 겨냥해 이야기하지는 않았지만, 인간이 문명 이전의 상태로 상정되는 자연 상태로 회귀해야 한다는 주장을 공상적이라고 여겼다.

마르크스는 프랑스혁명 이후 나타난 프랑스 사회주의자, 특히 샤를 푸리에(Charles Fourier)와 앙리 생시몽(Henri de Saint-Simon) 등이 지향한 사회주의와 자신이 지향한 사회주의 사이에는 분명한 선을 그었다. 그리고 프랑스 사회주의자들이 지향하는 낭만적 이상으로서의 사회주의에 '유토피아적 사회주의'라는 이름을 붙였다. '유토피아'는 그리스어 '우 토포스(ou topos)'에서 나온 말로 이 세계 어디에서도 있지 않았고 앞으로도 존재할 수 없는 이상향을 말한다. 마르크스는 엥겔스와 함께 쓴 〈공산당 선언〉에서 푸리에와 생시몽 그리고 영국의 사회주의자 로버트 오언(Robert Owen)을 함께 묶어 유토피아적 사회주의자로 분류하고 자신이 지향하는 사회주의를 '공산주의'로 명명했다.

엥겔스

도대체 무엇이 공산주의와 유토피아적 사회주의를 구분하는가? 지배계급과 프롤레타리아계급의 차이를 제대로 알지 못해서? 아니다. 유토피아적 사회주의자들도 그 차이를 인식했다고 마르크스는 말한다. 그리고 고통당하는 프롤레타리아계급을 해방시키고자 사회과학과 사회법칙을 찾으려고 노력한다고도 했다. 그래서 프랑스 사회주의자들은 전체 사회를 향해, 특히 지배계급을 향해 사회 개혁을 호소한다. 그러나 마르크스에 따르면 이러한 노력은 그들이 아직 유토피아적 명제에 벗어나지 못한다는 점만 보여줄 뿐이다. 그들은 마치 자신이 계급 간의 대립을 초월했다고 믿었기 때문이다. 마르크스가 보기에 프롤레타리아트 해방을 통한 공산주의

〈공산당 선언〉의 표지

《자본론》의 표지

실현은 프롤레타리아트가 자신 속에서 계급투쟁의 필요성을 자각할 때 비로소 주어진다. 그래서 그는 〈공산당 선언〉에서 웅변조로 외친다. "만국의 프롤레타리아트여, 단결하라!"

엥겔스는 마르크스가 죽은 뒤 공산주의에 또 다른 이름을 하나 붙여주었다. 그것은 '과학적 사회주의'다. 그리고 과학적 사회주의가 유토피아적 사회주의와 달리 '과학'이 될 수 있는 근거로 '역사적 유물론'(historical materialism, Historischer Materialismus)을 거론했다. 곁가지 이야기가 되겠지만, 마르크스는 '과학적 사회주의' 또는 '역사적 유물론'이라는 명칭은 사용하지 않았다. 과학적 사회주의와 역사적 유물론은 엥겔스가 붙인 이름이다.

누가 물구나무서기를 했는가?
헤겔인가, 마르크스인가?

역사적 유물론을 살펴보려면 우리는 헤겔 철학으로 되돌아갈 수밖에 없다. 역사적 유물론, 또는 역사에 대한 유물론적 해석은 마르크스가 표현한 대로 헤겔의 역사에 대한 관념론적 해석을 물구나무서기 시킨 것이기 때문이다. 사실 마르크스는 그의 철학이 물구나무서기를 한 것이 아니라, 원래 헤겔 철학이 물구나무 서 있었다고 말한다.

헤겔 철학을 한마디로 요약하는 것이 가능하다면, 그것은 정신이 스스로를 자기 전개하는 것을 체계화한 이론이라고 말할 수 있다. 우리는 앞서 헤겔 편에서 정신이 스스로 자신을 파악하면서 전개하는 방식을 가리켜 헤겔의 '변증법'이라고 불렀고, 그렇게 펼쳐진 정신의 자기 전개 과정을 가리키는 철학의 영역을 헤겔의 '정신철학'이라고 했다. 이러한 헤겔 철학에서 물질은 정신과 구분이 되는 것이 아니라 정신이 다른 방식으로 존재하는 '또 다른 존재'라고 했으며, 그것을 다루는 분야가 바로 헤겔의 '자연철학'이라고 했다.

이것을 평이한 말로 다시 풀어 이야기하면, 세계는 물질이 아니라 정신으로 구성되었다는 뜻이다. 헤겔에게 물질은 정신에서 나온 것에 지나지 않는다. 우리가 헤겔 철학을 관념론, 그것도 절대관념론이라고 부르는 이유다. 여기에서 '절대'라는 말이 붙은 이유는 관념은 스스로, 그리고 관념을 향해 존재하며, 관념 스스로의 운동 원리에 따라 움직이는 절대화된 개념이 되었기 때문이다. 이렇게 절대화된 정신이 움직이는 논리, 또는 원리, 또는 법칙이 철학의 역사에서 끝없이 논란이 되어왔던 변증법이다. 그것은 세계가 존재하는 방식이며, 역사의 전개 방식이기도 하다.

마르크스는 헤겔의 변증법을 수용하지만, 변증법으로 움직이는 운동의 주체는 정신이 아니라 물질이라고 주장한다. 마르크스의 주장에 따르면 헤겔 철학은 앞뒤가 바뀌어 있다. 그래서 그는 관념적 헤겔 철학을 물질을 중심으로 한 철학으로 180도 바꾸어버린다.

진리를 실천적 맥락에서 바라본 최초의 철학자
세계는 인식의 대상이 아니라 변혁의 대상이다

　이쯤에서 우리가 살펴보고 넘어가야 할 철학자가 있다. 헤겔 좌파의 맏형 격에 해당하는 루트비히 포이어바흐(Ludwig Andreas Feuerbach)

포이어바흐

다. 그는 마르크스에 앞서 유물론의 입장에서 헤겔을 비판한 인물이다. 포이어바흐는 신이라는 관념을 인간의 본성이 만들었다고 보았다. 한마디로 신이 인간을 만든 것이 아니라 인간이 신을 만들었다고 본 것이다. 이때 인간이 만든 신이라는 관념은 인간이라는 존재의 속성, 포이어바흐의 좀 딱딱한 표현을 빌면 '유적 존재'(Gattungswesen)가 외화한 것이다.

마르크스는 한편으로는 포이어바흐의 유물론에 동의하면서도 다른 한편으로는 포이어바흐의 유물론이 지나치게 관조적이며 실천의 문제를 놓쳤다고 지적한다. 그래서 마르크스는 포이어바흐 철학에 대한 비판을 담은 《포이어바흐에 관한 11가지 테제》의 마지막 11번 테제에서 다음과 같이 말한다.

철학자들은 지금까지 여러 방식으로 세계를 해석했을 뿐이다.
그러나 중요한 것은 세계를 변화시키는 것이다.

이 유명한 말은 지금은 훔볼트 대학으로 이름이 바뀐 베를린 대학의 현관 벽에 붙어 있다. 바로 마르크스가 헤겔의 철학 강의를 들은 대학이다. 포이어바흐에 대한 그 밖의 몇 가지 테제는 마르크스가 주장하는 유물론의 성격이 무엇인지를 단적으로 보여준다. 마르크스는 이런 말도 했다.

인간의 사유가 객관적 진리에 도달할 수 있는가 없는가 하는 문제는

결코 이론의 문제가 아니라 실천의 문제다. 사유의 진리,
다시 말하면 사유의 현실성과 힘은 실천의 문제다.

여기에서 마르크스는 진리를 철저하게 실천의 관점에서 바라본다. 그래서 그는 〈공산당 선언〉에서 계급투쟁을 포기하는 것은 실천적 가치를 상실할 뿐 아니라 이론적 정당성마저 상실한다고 힘주어 말한다. 그렇다. 이때 마르크스는 이론적 철학자라기보다는 부인할 수 없는 실천적 혁명가다. 마르크스의 진리는 근대철학에서 추구해왔던 객관적 진리라는 개념과 지금 얼마나 멀리 떨어져 있는가? 마르크스에게 진리는 실천적 맥락에 있을 때에만 비로소 생명력을 갖는다. 이러한 진리 개념은 고대 그리스 철학에서 말하는 올바름으로서의 정의 개념을 떠올리게 한다.

우리는 또 마르크스가 말하는 물질이 인간과 관계 없는 독립적인 물질을 의미하는 것이 아니라는 점에 유의해야 한다. 여기에서 물질은 죽어 움직이지 않는, 또는 고정된 기계론적 물질이 아니라 인간을 매개로 한 물질을 말한다. 따라서 물질에는 인간 활동의 역사적 성격과 사회적 성격이 그대로 반영되어 있다. 역사를 유물론적 시각에서 바라본다는 뜻은 인간과 관계를 맺는 물질의 역사적이고 사회적인 성격을 살펴봐야 한다는 의미다. 엥겔스는 그것을 한마디로 역사적 유물론이라고 부른다. 다른 한편 역사를 유물론적 시각으로 바

라본다는 것은 인간이 물질과 관계를 맺는 인간 활동, 또는 실천적 측면을 살펴보는 것이기도 하다. 그래서 마르크스의 유물론은 항상 실천적 유물론이다.

인간은 추상적이고 고립된 존재가 아니다. 구체적인 사회적 존재다. 따라서 인간에게는 시공을 뛰어넘는 보편적 속성이 있는 것이 아니라 구체적으로 그가 놓인 사회적 조건에 영향을 받는다. 그래서 마르크스는 "의식이 존재를 규정하는 것이 아니라 존재가 의식을 규정한다."라고 말한다. 헤겔의 생각이 거꾸로 선 것이다.

헤겔은 역사를 전개하는 원동력을 정신으로 보았지만, 마르크스는 역사를 움직이는 힘으로 생산력을 꼽았다. 모든 시대는 생산력의 성격에 부합하는 생산관계를 가지고 있다. 다시 말해, 생산관계는 생산력의 발전에 따라 변화한다. 이것은 생산관계가 기계적으로, 또는 자동적으로 생산력의 발전에 따라 조응한다는 뜻이 결코 아니다.

생산력과 생산관계 사이에는 항상 불일치가 일어날 수 있다. 생산관계가 생산력 발전을 따라가지 못하면 위기가 발생한다. 마르크스의 용어를 빌어 표현하면 생산관계가 생산력 사이에 모순이 격화되어 생산관계가 생산력 발전의 질곡이 되면 사회혁명이 시작된다. 마르크스에 따르면 역사적으로 생산관계에는 다섯 가지 기본 양식이 존재한다. 원시공동체, 노예제, 봉건제, 자본주의 그리고 사회주의가 그것이다.

마르크스의 근대 프로젝트는 무엇을 남겼는가?

우리는 이 대목에서 마르크스가 지지하는 사회주의가 역사적 법칙이라는 그의 확신을 읽는다. 마르크스와 엥겔스가 19세기 초반에 등장한 프랑스 사회주의 사상가에게 공상적 사회주의라는 이름을 붙이고, 자신들이 지지하는 사회주의를 과학적 사회주의라고 이름 붙인 자신감은 여기에 근거하지 않을까? 다른 한편 우리는 마르크스가 생산력과 생산관계의 모순에 대한 설명에서 헤겔이 말하는 양과 질의 변증법 개념을 그대로 가져왔다는 점을 확인한다. 이러한 역사 해석은 양적 변화가 일정 단계에 도달하면 질적 변화가 일어난다는 마르크스주의의 양질 전환의 법칙으로 도식화된다. 따지고 보면 생산력은 인간과 자연의 관계, 생산관계는 인간과 인간의 관계를 각각 반영한다는 마르크스의 서술 방식도 헤겔식이다.

이러한 헤겔 철학의 유산은 마르크스가 남긴 대작 《자본론》의 서술 방식에도 그대로 드러난다. 《자본론》의 내용은 자본주의에 대한 정치경제학적 분석이지만, 그것을 담은 형식은 헤겔 철학에 기초한다. 레닌은 헤겔 철학을 이해하지 못한 채 《자본론》을 읽었다가 마르크스가 말하고자 하는 의도를 제대로 이해하기 힘들었다고 고백했다. 그 때문일까? 마르크스 철학에 관한 책은 대부분이 철학적 외피는 빠뜨린 정치경제학적 요약이거나, 아니면 도식화된 교리문답식 해석이 유난히 많다. 다른 철학에도 적용되는 점이지만, 마르크스 철학은 어렵다고 쉽게 씌었다는 해설서를 읽기보다는 원전 읽기에 직접 도전하는 편이 낫다. 특히 마르크스 철학처럼 도식화되기 쉬운 책은 더 그렇다.

당연한 말이지만 마르크스에 관한 이야기는 신도 아니고 악마도 아닌 19세기 혁명의 시대를 살았던 한 지성의 이야기다. 또 빤한 말이지만 마르크스의 철학은 다른 철학자들과 마찬가지로 장점도 있지만 허점도 있다. 물론 냉전 시대의 커튼이 여전히 내려진 한반도에서 마르크스를 소설책 읽듯이 담담하게 읽어내기란 아직도 쉽지 않다. 그러나 그를 읽는 것은 그가 세운 체계를 옹호하거나 비판하기 위해서가 아니다. 그가 세운, 그리고 그가 거부한 근대 프로젝트를 읽지 않으면, '지금, 여기'에 있는 '우리'를 읽을 수 없기 때문이다.

Nietzsche

" 프리드리히 니체 "

철학을 위한 아포리즘 .... 정 재 영

내가 누구인지 밝혀두는 것이 반드시 필요한 것 같다.

사실 사람들은 내가 누구인지 이미 알고 있을 수 있다.

(중략) 나는 철학자 디오니소스의 제자이다.

나는 성인이 되느니 차라리 사티로스이고 싶다.

한 사람이 자기 책의 서문을 이렇게 썼다. 그는 자신을 그리스 신화에 등장하는 술의 신 디오니소스의 제자로 규정했다. 그리고 반인반수인 사티로스(Satyros)가 되기를 원했다. 사티로스는 얼굴은 사람이지만 몸은 염소이며, 머리에 작은 뿔이 난 디오니소스의 시종이다. 주신을 모시는 시종답게 술과 여자를 좋아하며, 과장된 표현과 몸짓으로 우스꽝스러움을 자아내는 급이 뚝 떨어지는 잡신이다.

나는 철학자 디오니소스 제자다
나는 성인이 아니라 사티로스가 되고 싶다

디오니소스의 제자이며 디오니소스의 시종을 희망한 이 사람은 프리드리히 니체(Friedrich Nietzsche, 1844~1900), 그리고 이 책은 《이 사람을 보라(Ecce Homo)》. 제목과 서문도 파격이지만 본문은 한술 더 뜬다. 이 책에서 그는 다음과 같은 질문 넷을 던지고 차례로 응답한다.

《이 사람을 보라》 표지

"나는 왜 이렇게 현명한가?", "나는 왜 이렇게 영리한가?", "나는 왜 이렇게 좋은 책을 쓰는가?" 그리고 마지막으로 "나는 왜 하나의 운명인가?"

세상에! 21세기 오늘을 살아가는 깜찍한 소녀들도 "난 너무 예뻐요."라고 노래할 때는 살짝 부끄러운 표정을 짓는다. 그런데 콧수염을 기른 근엄한 얼굴의 19세기 철학자가 정색을 하고 "난 왜 이렇게 현명한가?"라니! 이것을 도대체 어떻게 해석해야 하는가?

니체는 도발적으로 글을 썼다. 그는 언젠가 자신의 글을 물고기를 낚으려는 낚싯바늘로 표현하기도 했다. 독자를 유혹하는 글이라는 것이다. 요즈음 인터넷 용어로 말하면 그는 '낚시질'의 원조인 셈이다. 니체의 낚시질은 다양하다. 예를 들어 그는 《선악의 저편》에서 "진리가 여성이라고 가정한다면 어떠한가?"라는 질문을 던지고, 《도덕의 계보학》에서는 "우리는 자기 자신을 잘 알지 못한다."라고 단정하면서 글을 시작한다. 《우상의 황혼》에는 '망치를 들고 철학하는 법'이라는 부제를 달았고, 《차

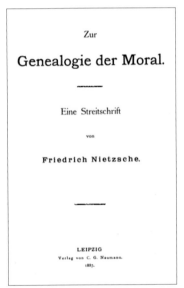

Zur

Genealogie der Moral.

Eine Streitschrift

von

Friedrich Nietzsche.

LEIPZIG
Verlag von C. G. Naumann.
1887.

《도덕의 계보학》 표지

1부 | 근대의 철학자

라투스트라는 이렇게 말했다》는 '모두를 위한 책이면서 그 누구도 위한 것이 아닌 책'이라는 부제를 붙였다.

니체 전기 작가들은 대체로 니체 개인을 공손한 사람이었다고 평가하지만, 글로 보는 니체는 결코 그렇지 않다. 그는 거만하고, 무례하며, 위악적이다. 니체는 굳이 그 점을 감추려 하지 않고, 오히려 과장했다. 그는 왜 존경받는 성인이 되기보다 지탄받는 사티로스가 되기를 희망했을까?

아포리즘은 눈으로 읽는 것이 아니라
마음에 새기는 것
높이 솟은 자만이 그것을 듣는다

우리는 이 물음에 대한 교과서적인 정답을 안다. 니체는 "신은 죽었다"라고 선언하면서 기독교적 세계관에 도전을 한 무신론자이며, 객관적 진리를 향한 형이상학적 전통에 반기를 든 반형이상학자이고, 보편적 도덕 가치를 정초하는 시도 자체가 무망하다고 본 비도덕주의자다. 그러한 도발적 주장 때문에 니체 철학은 한편으로는 과대망상에 사로잡힌 비합리적인 철학의 전형으로, 다른 한편으로는 불편한 진실을 드러낸 용감한 철학으로 상반되는 평가를 받아왔다.

잠깐! 여기에서 짚어보자. 니체는 신을 믿지 않은 최초의 무신론자인가? 아니다. 역사의 시계를 멀리 돌릴 필요도 없다. 니체가 철학의 스승으로 삼았던 쇼펜하우어도 신을 믿지 않았다. 니체는 형이상학에 반기를 든 최초의 반형이상학자인가? 아니다. 형이상학을 반대한 근대철학자는 너무 많아 거론조차 힘들다. 대체로 근대 경험론 철학자들은 형이상학에 반대한다. 흄은 형이상학 책을 불태워버리라고 이야기하지 않았던가?

또 물어보자. 니체는 도덕적 가치의 보편성을 의심한 최초의 인물인가? 아니다. 도덕적 회의주의의 흐름은 고대 그리스의 철학자 프로타고라스 이후 도덕적 보편주의를 주장한 철학적 흐름만큼이나 뿌리가 깊다. 그렇다면 도대체 왜 니체 철학은 뜨거운 감자가 되었는가?

《차라투스트라는 이렇게 말했다》 표지

그 비밀의 열쇠는 니체가 주장한 '내용'에서 찾지 말고 니체가 주장한 '방식'에서 찾아야 한다. 니체 철학은 '아포리즘(aphorism)'의 철학이다. 그가 쓴 글은 하나의 문장으로 이루어진 짧은 경구부터 하나의 주제에 대한 비교적 긴 글까지 다양한 형식의 아포리즘이다. 아포리즘은 간결하지만 다의적이다. 쉽게 전달되지만 모호하다. 누구나 쉽게 니체를 읽지만 니체 철학을 이해하기란 쉽지 않다. 그는 왜 이렇게 글을 썼을까? 《차라투스트라는 이렇게 말했다》에서 니체는 차라투스트라의 입을 빌려 이렇게 말한다.

●

> 피와 아포리즘으로 쓰는 사람은 읽히기를 원하는 게 아니라
> 마음으로 기억되길 바란다. 산과 산 사이를 가장 빨리 가는 길은
> 봉우리와 봉우리를 잇는 것이다.
> 그러나 그렇게 하려면 긴 다리를 가져야만 한다.
> 아포리즘은 봉우리들이어야 한다.
> 그리고 그것을 듣게 된 자들은 키가 크고 높이 솟은 자여야 한다.

단순히 눈으로 읽지 않고 마음으로 기억되어야 하는 아포리즘은 천천히 음미해가면서 읽어야 한다. 아포리즘은 사물과 직접적으로 관계하지 않는다. 오히려 아포리즘은 우리가 잘 알고 있다고 생각하는 사물을 낯설게 제시한다. 그래서 우리가 알고 있는 것의 지각 경계를 흔든다.

광인이 전하는 '신은 죽었다'는 소식
시장 사람들은 조소와 냉담으로 반응했다

니체 철학에서 가장 유명한 경구인 '신은 죽었다'는 말도 그렇다. 이 말은 관찰에서 나온 주장이 아니다. 신의 죽음은 '소식'의 형태로 전달된다. 그 소식을 전하는 자는 '광인'이다. 1인칭 시점으로 즐겨 글을 쓰는 니체가 이 대목에서는 자신이 직접 나서지 않고 광인을 등장시켜 그 소식을 전한다. 그런데 그게 묘하다. 광인은 이 소식을 기쁘게 선포하는 것이 아니다. 광인은 시장 바닥에서 신을 찾다가 마침내 사람들에게 "우리가 그를 죽였다."라고 외친다. "어떻게 이런 일이 일어날 수 있는가."라며 절규한다. 그리고 또 말한다. "어떻게 우리는 모든 살해자 중의 살해자인 우리 자신을 위로할 수 있는가?"라고. "세상에서 가장 성스럽고 강력한 존재가 우리의 칼 아래에서 피를 흘리며 죽었다."라며 이제 누가 우리를 위해 속죄해줄 수 있는지 묻는다.

그런데 이상하게도 아무도 '신의 죽음'이라는 놀라운 소식에 반응을 보이지 않는다. 그래서 니체는 이 광인이 전하는 신의 죽음을 이렇게 맺는다. "사람들의 말에 따르면 그날 광인은 몇몇 교회에 뛰어들어 신의 진혼곡(requiem aeternam deo)을 불렀다고 한다."《즐거운 학문》에서 신이 죽었다는 소식을 전한 광인은 《차라투스트라는 이렇게 말했다》에서 차라투스트라라는 인물로 바뀌어 무덤덤하게 한마디한다. "저 사람들은 아직 신이 죽었다는 소식을 듣지 못한 모양이지."

니체는 신이 죽었다는 사건을 '근래 최대 사건'이라고 말한다. 이 점을 강조하려고 그는 이 사건을 극화해 전한다. 영어권 세계에 니체 철학을 소개한 발터 카우프만(Walter Kaufmann)은 이 극화된 장면이 성가에서 차용한 것이라고 분석한다.

신의 죽음은 과학적 관찰이 아니고 형이상학적 고찰도 아니며, 19세기 유럽 문화에 대한 니체의 상황 진단이다. 이 극화를 통해 니체가 말하고 싶었던 것은 포이어바흐의 주장처럼 신은 원래 없었으며 단지 인간의 속성을 외화했다는 것이 아니다. 이 우화적 표현은 광인이 전하는 신의 죽음이라는 사건보다는 오히려 그 사건을 조롱하고 비웃은 당대 유럽 문화에 대한 고발에 초점을 맞춘다. 신의 죽음을 조롱하는 사람들은 신의 죽음이 무엇을 뜻하는지 모른다. 그들은 신의 죽음을 당연하게 받아들이고 있지만, 신의 죽음 이후에 또 하나의 신을 만들어 그것을 섬긴다는 사실을 심각하게 인지하지 못한다. 그들은 신을 죽이고 난 후 그 신이 남긴 흔적을 완전히 지우지 못하고 '새로운 신'을 만들어 죽은 신의 자리를 메웠다.

그렇다면 새로운 신은 누구인가? 니체는 그것을 콕 짚어 주장하

디오니소스

1부 ㅣ 근대의 철학자

지 않는다. 아포리즘을 통해서 기독교 신의 죽음과 새로운 신의 조짐을 경고했을 뿐이다. 그래서 어떤 이는 새로운 신을 과학으로 읽는다. 종교적 미신이 사라진 자리를 과학적 미신이 차지했다고 바라본다. 어떤 이는 새로운 신을 '근대(modernity)'로 읽는다. 종교적 신화는 죽었지만, 이성과 계몽을 축으로 하는 근대 신화가 새롭게 생겨났다고 본다.

니체는 신이 남긴 유산을 완전히 털어버리기를 원한다. 신의 흔적을 지우지 않는다면, 그것은 신이 죽었다는 사건의 의미를 제대로 이해하지 못한 것이다. 그래서 니체는 또 다시 아포리즘을 동원한다. 그 아포리즘은 다양하게 나타난다. 때로는 차라투스트라라는 초인을 통해, 때로는 디오니소스라는 그리스 주신을 통해, 때로는 바그너와 쇼펜하우어라는 한때 그가 숭상했던 인물에 대한 혹독한 실명 비판을 통해 그 효과를 극대화한다.

인간의 역사는 디오니소스적 심연을 '견디지 못하는 인간들이 의미를 부여하는 니힐리즘의 역사다

이 아포리즘이 궁극적으로 나타내는 것은 무엇인가? 문학과 예술의 장에서 주로 논의되던 니체를 철학의 장으로 이동한 20세기 독일 철학자 마르틴 하이데거(Martin Heidegger)는 그것을 니힐리즘(nihilism)으로 읽는다. 니체는 그의 초기 저작 《비극의 탄생》에서 세계의 근저는 그가 스승으로 삼은 디오니소스적인 심연이라고 규정했다.

그 심연을 덮으려는 인간의 처절한 노력이 영원한 세계를 만들어냈다. 플라톤이 세운 이데아의 왕국은 그런 영원한 세계를 지향했으며, 기독교가 만들어낸 세계도 마찬가지다. 그래서 니체는 기독교를 플라톤 철학을 대중화한 것이라고 규정한다. 그러나 영원히 지속되는 세계는 없다. 기독교에서 말하는 신이나 플라톤 철학이 말하는 이데아는 디오니소스적 세계를 감내하지 못하는 인간이 자기를 보존하고자 만든 조건일 따름이다. 삶의 자기 보존을 위해 만든 것을 니체는 '가치'라고 부른다. 따라서 모든 가치는 실제로는 아무것도 아닌 것, 곧 '니힐'(nihil)이다. 니체에 따르면 인간의 역사는 디오니소스적 심연을 견디지 못하는 인간들이 의미를 부여하는 니힐리즘의 역사다.

이런 틀에서 보면 기독교는 니힐리즘이고, 플라톤 이후 지금까지 서양의 형이상학도 니힐리즘이며, 도덕의 보편 가치를 주장하는 도덕주의자도 니힐리즘이다. 여기에서 우리는 기독교적 세계와 형이상학적 세계 그리고 도덕적 세계를 최초로 부정한 철학자도 아닌 니체가 왜 그렇게 위험한 철학자로 취급되었는가 하는 단서를 하나 움

켜잡는다. 니체는 지금까지 인류가 세운 모든 가치 체계가 니힐리즘
이라는 점을 통찰한 철학자다.

니힐리즘은 지금까지 인류가 세운 고귀한 가치를 집어던진다. 그
래서 니체는 고귀한 성인이 되기보다는 차라리 저속한 사티로스가
되기를 원했는지도 모른다. 풍자(satire)는 그 어원이 바로 사티로스에
서 온 말이다. 니체는 우리가 듣기 싫어하는 독한 말을 내뱉고자 사
티로스를 희망한 것은 아닐까?

지난 세기 후반기에 니체 읽기, 또는 니체식으로 세상 읽기는 하
나의 사조로 퍼져 나갔다. 그 불을 지핀 것은 프랑스어권 철학자들
이었다. 그들은 다원화된 세계를 해석하는 틀로 니체의 아포리즘을
이용했다.

미셸 푸코(Michel Foucault)는 단 하나의 니체 철학이 있다는 점에
반대한다. 니체 철학은 많은 얼굴을 가진다는 이야기다. 그래서 푸
코는 니체 철학이 무엇인가를 묻지 않고 니체 철학이 우리 삶에 어떤
효용성을 주는가를 물어야 한다고 충고한다. 질 들뢰즈(Gilles Deleuze)
는 니체 철학이 본질적으로 복수주의(pluralisme)라는 점에 동의하지
만, 니체를 니힐리즘이라는 틀 안에 가두지 않고 창조적인 생성의
철학자로 적극 해석한다. 생성과 다원성 그리고 얼핏 보기에 무질서
하고 엉뚱해 보이는 우연성이 니체가 제시한 아포리즘을 이해하는
열쇠라는 것이다.

니체의 기획은 철학적 사유를 새롭게 했는가, 철학적 사유를 멈추게 했는가

여기에서 우리는 "나는 왜 이렇게 현명한가?" 하고 무례한 질문을 던진 니체를 이해하는 하나의 실마리로 니체만큼이나 오만했고, 니체처럼 음울했던 고대 그리스의 철학자 헤라클레이토스를 떠올린다. 니체는 헤라클레이토스에 대해 이런 말을 남겼다. "히브리스(hybris)라는 위험한 단어는 모든 헤라클레이토스주의자의 시금석이다. 바로 거기서 그가 자신의 스승을 이해했는지 또는 오해했는지 드러내 보일 수 있다."

히브리스는 무례하고 거만함을 뜻하는 그리스어다. 술 마시고 방자한 행동을 하는 것도 히브리스의 범주에 들어간다. 타인을 모욕하고 수치심을 주는 행위, 자신을 과시하면서 잘난 체하는 행동도 모두 히브리스다. 그리스인들은 히브리스를 잘 다스리는 데서 미덕이 나오고 히브리스가 날뛰는 데서 악덕이 나온다고 생각했다. 그리스 비극은 히브리스가 날뛰는 데서 오는 불행을 소재로 한다. 그러나 니체 철학에 따르면, 히브리스는 디오니소스적인 것의 발현이기도 하다. 그것은 삶의 가장 깊은 바닥에서 나오는 것이다.

결국 니체가 꿈꾸는 미래의 철학이 성공하는가 실패하는가 하는

헤라클레이토스

여부는 히브리스가 가진 이중성을 이해하는 데 달려 있다. 물론 니체와 니체주의자는 그것이 가능하다고 믿는다. 반면 니체에 반대하는 이들은 니체 철학 자체가 히브리스이며 니체의 철학적 사유가 정지하는 지점이라고 생각한다. 러셀이 니체 철학을 일종의 낭만주의적 흐름으로 보는 이유다. 어원적으로 보면, 니체 철학이 크게 의존하는 아포리즘이라는 말에는 이미 경계를 확정 짓는 지평선이라는 뜻이 포함된다. 그렇다면 니체의 기획은 히브리스의 위험성을 뛰어넘는 생각의 새 지평으로 보이는가, 아니면 위험스럽기 짝이 없는 철학적 히브리스라고 보이는가?

Peirce

"찰스 샌더스 퍼스"

기호학의 창시자

홍 성 기

> 지속적으로 기대 속에서 사는 사람들은 그들이 처한 현 상황이 요구하는 것을
> 간과하는 경향이 있음을 우리는 관찰할 수 있다.

찰스 샌더스 퍼스(Charles Sanders Peirce, 1839~1914)는 1839년 미국 동부 매사추세츠 주의 케임브리지에서 하버드 대학의 천문학 및 수학 교수 벤자민 퍼스의 아들로 태어났다. 12살에 형의 논리학 책을 빌려 보기 시작하면서 논리학과 사고의 규칙이라 할 추론에 평생 관심을 갖게 되었다. 1863년 하버드 대학에서 퍼스는 화학을 전공해 최우등으로 학사 학위를 받았고, 철학자가 된 윌리엄 제임스와 평생 지속된 교우 관계를 맺었으나, 그를 가르쳤던 찰스 엘리엇은 퍼스를 좋게 보지 않았다. 불행하게도 엘리엇은 1869년부터 1909년까지 하버드 대학의 총장으로 재직하면서 모교에서 자리를 잡으려던 퍼스의 모든 시도를 좌절시켰다.

순탄치 않았던 퍼스의 인생

퍼스의 인생은 결코 순탄치 않았다. 첫 부인은 1875년 그를 떠났고, 퍼스는 '줄리에트(Juliette)'라는 이름만 알려진 여성과 동거했으나 8년이 지나 첫 부인이 이혼을 허락한 후에야 그녀와 정식으로 결혼할 수 있었다. 퍼스의 여성 관계는 지금이라면 아무런 문제도 되지 않았겠지만, 당시에는 일종의 스캔들로 교수로 임용되는 데에 결정적 장애였다. 퍼스는 미국 해안경비대에서 과학자로 근무하다 1891년에 해고된 후에는 일정한 직업이 없었다. 상속받은 유산으로 펜실베이니아 주의 시골 밀포드에 자신이 설계한 집에서 줄리에트와 평생 살았으나, 생의 마지막 20년을 극심한 가난 속에서 보내야만 했다. 겨울에는 난방을 하지 못하고, 끼니는 마을 빵가게에서 적선한 굳은 빵으로 때워야만 했다.

살아 있을 때에 퍼스는 여러 권의 책을 기획해 집필을 시도했으나 완성한 것은 없었다. 그러나 퍼스는 과학, 수학, 철학과 관련된 전문 학술지에 기고한 다양한 주제의 논문 이외에도 미발표 원고만 1650여 편, 총 10만 페이지에 이를 만큼 많은 글을 남겼다. 퍼

줄리에트

스가 죽자 부인은 서재에 있는 모든 종이를 모교인 하버드 대학에 팔았으나, 모교는 1964년까지 그의 유고를 마이크로필름으로 만들지 않았다. 미국이 낳은 가장 독창적인 철학자가 남긴 글이 사후 100년이 지나도록 출판되지 못했다.

전해지는 일화에 의하면 빚쟁이가 찾아왔을 때 퍼스는 천장 위 다락방으로 올라가 사다리를 거두어버렸다고 한다. 이 상황이 마치 퍼스의 글을 해석하는 것과 비슷하다고 보는 연구자도 있다. 어쩌면 가난과 고독에 시달렸던 퍼스의 글이 사후 100년이 되도록 완전히 출판되지 않은 것도 이와 비슷한 상황인지 모른다. 수학, 논리학, 기호학, 철학 등 많은 분야에서 응당 받았어야 할 최초

1부 | 근대의 철학자

의 발견 또는 발명의 영예를 퍼스는 모두 타인에게 양도해야만 했다. 무엇보다도 자신의 사상을 정확히 표현하려고 만들어낸 많은 용어들은 철학의 주류에 편입되지 않았다. 바로 이 점에서 퍼스의 사상을 이해할 수 있는 사다리가 걷어 올려졌다고 할 수 있다.

퍼스 사상의 핵심 중 하나는 기호학

●

현실적 의미를 갖는 어떤 결과를 우리가 시도하는
개념화의 대상이 지니리라 생각했는지 살펴보라.
그러면 이 결과들에 대한 개념이 그 대상에 대한 개념의 전체이다.

화학, 지구학, 수학, 논리학, 심리학, 철학, 기호학 등 수많은 분야에서 독창적으로 사고했던 퍼스의 중심 사상을 요약하기란 힘들며, 또 그의 사상을 기존의 용어로 분류하는 것 역시 주의를 요한다. 그럼에도 퍼스 사상의 핵심 중의 하나가 기호학이라는 점에는 큰 이의가 없다.

그렇다면 퍼스가 '경험에 의해 배울 수 있는 지적 능력의 소유자가 사용한 모든 기호의 특징'을 연구하는 분야로 규정한 기호학이란 어떤 의미를 지녔을까? 퍼스는 그의 기호이론을 통해 인간이 이 세계를 분할하고 존재를 구성하는 과정을 재구성했다. 아마도 이런 이야기는 상식적으로 매우 황당하게 들릴 수 있다. 왜냐하면 우리는 우리 자신을 포함해 이 세계의 모든 존재가 원래 그렇게 주어졌다고 생각하기 때문이다. 그러나 다음과 같은 상황을 상상해보자.

> 여름날 대청에 드러누워 화단을 바라본다. 흰 나비가 이꽃 저꽃 주위에 펄럭거리며 날고 있다. 뒷산에서는 매미 소리가 한창이다.

시골에서 자란 사람이라면 이런 광경을 상상할 수 있을뿐더러 여름 낮의 깊은 정적에 몰입해본 경험이 있을 것이다. 이때 우리가 본 화단에는 몇 개의 사물이 있었을까? 나비 한 마리와 화초들? 그럴 수도 있고 아닐 수도 있다. 바꿔 말해 이런 질문은 잘못되었다. 왜냐하면 특별한 생각 없이 그저 화단을 바라봤다면, 우리는 나비와 화단과 뒷산 및 매미를 포함해 아무것도 서로 분할하지 않았기 때문이다. 마찬가지로 소나무 한 그루라고 말할 때는 소나무 전체를 말하고 더 이상 나누지 않았지만, 우리가 더 잘게 나누고 싶다면 솔잎 하나하나를 별개의 존재로 간주할 수도 있다.

그러나 우리가 꽃 주위를 날아다니는 흰 나비에 주목하면서 저 나비는 며칠 전 뒷산의 흰 꽃 주위를 날아다니던 그 나비와 같다고 생각한다면, 우리는 나비를 화단의 다른 모든 존재들로부터 떼어내고 며칠 전 보았던 나비의 심적 영상(imagination)과 눈앞의 나비가 동일한 유형이라 확인한다. 실제로 이 두 과정은 하나의 행위에서 기인했을 것이다. 퍼스에 따르면 우리는 도상(圖像, icon)을 통한 기호 행위를 한 것이다. 여기에서 퍼스가 말하는 기호란 단지 한글이나 로마자처럼 쓰인 글이나 구어만을 말하는 것이 아니라 훨씬 더 포괄적임을 알 수 있다. 예를 들어 교통 표지판은 물론 인간 및 동물의 표정과 몸짓 역시 모두 기호로 볼 수 있으며, 심지어 지진이 나기 전에 관찰되는 동물들의 대이동 역시 기호로 볼 수 있다. 이른바 징후가 그것이다. 그런 관점에서 보면 질병의 진단 역시 기호 행위로 볼 수 있다. 한마디로 이 세계는 기호로 가득 차 있을뿐더러 나아가 기호 행위를 통해 비로소 구획된다.

그렇다면 도상을 통한 기호 사용은 어떻게 근거를 지을 수 있을까? 즉, 흰나비에 대한 기억, 심적 영상과 눈앞의 흰나비 사이에는 어떤 관계가 있을까? 퍼스는 양자가 유사 관계(likeness relation)를 맺는다고 본다. 그러나 어느 경우에 '서로 비슷하다'는 표현을 사용할 수 있는지 그 기준을 제시하는 것은 실로 어려운 문제다. 왜냐하면 모든 것은 모든 것과 그 어떤 점에서 비슷하기 때문이다. 퍼스 역시 이 문제를 꽤 고심했으며, 그가 내린 결론은 일단 다음과 같은 사실 확인이다.

> 그것(순수한 도상)은 오로지, 단순히 그것이 의미하려는 성질(quality)을 보여주어 기호로서 기능한다. 그리고 도상은 그것이 의미하는 성질을 갖는다.

중요한 점은 퍼스가 도상이 표상(represent)하는 것이 개체(個體, individual)가 아니라는 점을 분명히 했다는 사실이다. 앞에서 말한 흰나비의 예에서 심적 영상이 표상하는 것은 시간과 공간에 연장된(prolonged) 존재인 개체가 아니라, 특정한 색과 형태인 '흰 나비임'이라는 보편적 유형(type, scheme)이다. 반면에 심적 영상, 즉 도상은 특정한 시공에 놓인 개별자(token)라고 할 수 있다. 따라서 구체적 존재를 보편적 유형의 모형, 모범으로 사용하는 것이 도상에 따른 기호 사용의 특징이다.

개체는 어디에 있을까?
연장(延長)된 지시로 눈앞에서 확인한다?

　개체는 어디에 있을까? 아마 이 질문이 괴상하다고 생각하는 독자가 적지 않을 것이다. 왜냐하면 많은 사람들은 자신이 언제 태어나 지금까지 살아왔고, 그리고 언젠가는 죽을 것이라고 생각하기 때문이다. 즉, 시공에 연장된 개체라고 믿는다. 그뿐만 아니라 주위를 보면 온통 개체투성이다. 어제 입었다가 오늘 빨아 입은 바지는 바로 '그 옷'이고 아침에 먹다가 시간이 없어 식탁에 두고 간 사과를 저녁에 들어와 먹으면 바로 '그 사과'를 다시 먹는 것이다. 그러나 우리는 바로 이 시공에 연장된 개체 자체를 봤을까? 없다. 우리가 보는 것은 항상 순간의 존재이지 시공에 연장된 개체 자체를 본다는 것은 마치 시간 밖으로 나갈 수 있다는 착각을 전제로 한다. 물론 어떤 철학자는 개체의 존재를 이른바 '연장된 지시(prolonged ostension)'로 눈앞에서 확인할 수 있다고 주장한다. 예를 들어 그는 사과를 들고 움직이면서 "보시오! 아까 저기 '이 사과'가 지금 여기에도 있지 않소!"라고 말한다. 그러나 지금 이 철학자가 들고 있는 사과가 지시를 연장해 개체임을 확인했다는 것은 바로 그것이 개체라는 생각을 해야만 가능하다. 바로 그런 이유로 독일의 철학자 쿠노 로렌츠(Kuno Lorenz)는 '이 사과'라는 표현은 본질적으로 모호한 표현이라고 했다. 즉, 시공에 연장되었다는 생각이 없이 여기 지금 있는 사과를 지시할 때는 개체성을 지니지 않은 사과를 의미할 뿐이다. 여기에서 분명해진 것은 '이 사과'가 지칭하는 것이 시공에 연장된 개체를 의미하려면 정신 작용이 추가되어야 한다는 점이다. 퍼스는 이 과정을 지표(index)에서 상징(symbol)에 이르는 순차적 기호 행위를 통해 재구성했다.

불 꺼진 창고로 들어갔을 때 희미하게 인기척이 느껴졌다. 나는 "누가 있습니까?"라고 낮은 목소리로 물었다. 창고 한 구석에서 앳된 목소리가 들려 왔다. "여기 아무도 없어요."

앞에서 목소리의 주인공이 "저 혼자 있어요."라거나 "순이에요."라거나 또는 콜록콜록 하는 기침 소리를 내더라도 똑같은 상황이 일어난다. 즉, 누가 있다는 것이다. 바로 그런 이유로 "여기 아무도 없어요."라는 문장은 단어의 뜻에 결정되지 않고 바로 문장의 발화 자체, 존재 자체가 의미를 지닌다. 왜 그럴까? 그것은 어느 누가 어떤 말을 하거나 기침할 경우 그 말과 기침은 전체 상황의 부분이기 때문이다. 이처럼 전체 상황의 부분이 전체에서 분리되어 전체 상황을 표상할 경우를 퍼스는 지표(指標, index)의 기호 작용이 일어난다고 보았다. 예를 들어 통증과 고통의 표정은 분리되지 않은 전체이지만, 고통의 표정을 분리했을 경우 그것은 통증에 대한 지표로 기능한다. 흔히 징후(symptom)라고 부르는 것이다.

퍼스가 지표 관계로 파악한 유명한 예는 풍향닭과 바람의 방향과의 관계다. 바람과 풍향닭을 전체로 파악하면 풍향닭은 바람의 방향의 지표라고 할 수 있다. 이때 바람의 방향과 풍향닭의 위치는 원인과 결과의 인과관계가 아니라 기호 관계라는 점을 많은 철학자들이 오해했다. 예를 들어 독일의 카를-오토 아펠(Karl-Otto Apel)과 이탈리아의 움베르토 에코(Umberto Eco)가 퍼스를 잘못 이해했다. 중요한 점은 지표 관계에서 기호와 기호의 대상은 항상 순환적으로만 정의된다는 사실이다. 왜냐하면 전체로부터 부분을 분할할 경우 항상 순환적 관계가 생성되기 때문이다. (비트겐슈타인은 이런 관계를 '내재적 관계'라고 불렀다.)

풍향닭

즉, 풍향닭은 바람의 방향을 가리키고, 바람의 방향은 풍향닭이 가리키는 방향이다. 한마디로 어떤 물건은 바람의 방향을 제대로 가리킬 때, 그리고 오로지 그러할 경우에만 풍향닭인 것이다. 우리는 이러한 정의를 풍향닭에 대한 '기능적 정의'라고 부를 수 있다. 이럴 경우 내재적 관계의 특징인 필연성이 확보된다. 반면에 아펠과 에코는 풍향닭을 특정한 형태의 물건으로 파악하고 바람의 방향과 인과관계를 설정했다. 이럴 경우에 물론 바람의 방향과 풍향닭 간의 필연적 관계는 사라진다.

지표의 도상 시공의 연장된 개체

이제 개체를 도입하려면 일단 지표로 사용되는 이름이 필요하다. 다음과 같은 상황을 상상해보자. 조용필 콘서트에서 가수 조용필이 등장하자 팬들은 "조용필!"이라고 외친다. '조용필!'이라는 외침은 일단 지표로서 콘서트장의 '조용필-상황'을 일으켰다. 그러나 콘서트장에서는 다른 상황도 발생할 수 있다. 팬들이 자리에서 일어나 무대가 보이지 않는 초등학생 조용필 팬이 있다면, 그는 옆의 언니에게 물어보았을 수도 있다. "누가 나왔어?" 옆의 언니가 "조용필"이라고 대답했을 때, 언니는 동생이 '조용필'이라는 이름의 의미를 알고 있음을 전제로 하는 것이고, 이 이름을 통해 동생이 과거에 경험했던 '조용필-상황'과 현재의 상황이 동일한 유형임을 말한다. 즉, 언니는 '조용필'을 도상으로서 사용한다. 바로 그런 이유로 퍼스는 이 경우 '조용필'이라는 이름은 '지표의 도상'으로 사용되었다고 말한다.

이제 시공에 연장된 개체, 즉 개인으로서 '조용필'을 구성하는 마지막 단계를 살펴보자. '조용필'이라는 이름을 지표의 도상으로 사용해 얻어진, 같은 유형에 속하는 수많은 '조용필-상황'들을 우리는 이른바 동치 관계(equivalence relation)에 놓인 것으로 간주한다. 여기에서 동치 관계에 놓는다는 말은 특정한 측면에서 동일한 성질을 지닌 대상을 동일한 것으로 간주하는 정신적 행위를 말한다. 이른바 집합을 형성하는 것으로서 흔히 집합 추상(class abstraction)이라고 부른다. 이런 집합 추상은 일상생활에서도 많이 사용되고 있다. 예를 들어 한국인이라는 대상은 구체적인 한국인들의 남녀노소, 직업, 고향 등을 막론하고 오로지 한국인이라는 점에서 동일한 존재로 간주했을 때에 생기는 추상적 존재다. 이 점은 우리가 구체적 한국인이 아니라 한국인 그 자체를 데려올 수 없다는 점에서 충분히 이해할 수 있다.

그렇다면 시간과 장소를 달리하는 수많은 '조용필-상황'들에서 동치 관계로 얻어진 것은 무엇일까? 이 모든 '조용필-상황'에 공통적인 것은 바로 '조용필'이라고 불리는 존재로서 나머지는 바로 추상화를 통해 모두 제거된다. 바로 시공에 연장된 개체, 개인으로서 조용필이 구성된 것이다. 동시에 '조용필'이라는 이름은 추상적 존재로 판명되고 재구성된 개체 조용필과는 완전히 독립적인 기호가

되었다. 퍼스는 이처럼 지칭 대상에서 완전히 분리된 기호를 상징이라고 불렀다.

우리가 일반적으로 이해하는 언어, 즉 관습과 도입된 규칙에 따라 그 의미가 확정될 수 있는 기호는 사실 상징이며, 이 상징에 이르기 전의 과정을 우리는 망각하기 쉽다. 비유하자면 상징이란 이미 완전히 개체화(individuation)된 세계의 기호이지만 그것은 빙산의 일각에 불과하다. 수면 아래에는 개체화 이전의 세계가 상징 이전의 기호와 엉켜 있다. 어쩌면 이 비유는 오해의 소지가 없지 않다. 기호가 도상인지 지표인지 아니면 상징인지는 그 외적 형태로 분류되는 것이 아니라 기호의 사용 방식에 따르기 때문이다. 바꿔 말해 우리가 기호를 어떻게 사용하고 그 사용 방식이 갖는 의미를 철저히 성찰할 때 세계와, 그리고 무엇보다도 우리 스스로의 존재 위치에 대한 생각 역시 바뀔 수 있다. 퍼스의 기호학이 갖는 또 다른 중요한 의미가 여기에 있다.

2부
현대의 철학자

우리 시대가 직면한
아포리아의 해법을 찾아서

지금 이 시대에 철학은 무슨 일을 할 수 있는가? 한때 만학의 근원으로 통했던 철학은 이제 자신의 역할을 과학에 넘기고 역사의 무대에서 조용히 떠나야 하지 않을까? 의심할 여지 없이 우리가 살아가는 이 시대는 여전히 '과학의 시대'다. 근대 공간에서 태어난 과학은 새로운 세계의 새로운 원리를 제시한 새 시대의 주역이다. 과학은 새 세계를 향한 근대 기획의 산물이며, 또 동시에 근대의 기획을 추진하는 동력이기도 했다.

과연 근대의 기획은 성공했는가? 그 기획의 주역인 과학은 지난 시대의 어두움을 깨뜨리고 새로운 빛을 던졌는가? 2부의 첫 대목에 등장하는 막스 베버는 그 빛과 그림자를 함께 그린다. 베버에 따르면, 근대 세계의 형성은 곧 합리화의 과정이다. 그가 '탈주술화'

(Entzauberung der Welt)라고 부르는 근대적 합리화는 마법과 주술에 사로잡힌 미몽의 세계에서 벗어나 계몽의 세계로 나아가는 과정을 가리킨다. 왜 서양에서만 자본주의가 태어났는가 하는 수수께끼에 대해서도 그는 서양에서만 합리화가 진행되었기 때문이라고 응답한다. 그러나 베버에게 서구 합리화의 산물인 근대 세계는 '강철로 만든 새장(iron cage)'과 같은 음울한 풍경으로 그려진다. 18세기 말에 칸트가 가슴 벅차게 전한 계몽의 메시지가 20세기 초 베버에 와서는 두 개의 얼굴을 가진 야누스적 계몽으로 변해버렸다.

2부의 마지막에 소개되는 프랑크푸르트 학파의 철학자 위르겐 하버마스는 베버가 그린 야누스적 이성을 도구화된 이성과 비판적 이성으로 분리해 읽는다. 하버마스는 계몽 프로젝트가 미몽을 깨뜨린 이성의 빛이 아니라 사실상 또 따른 미몽에 지나지 않으며, 그 점에서 근대의 기획은 실패했다는 프랑크푸르트 학파 선배 학자들의 견해를 수용한다. 하버마스에 따르면, 근대의 기획은 실패했지만 아직도 계속되어야 하는 프로젝트다. 하버마스는 베버가 던진 메시지를 우리가 살아가는 일상적 삶, 또는 생활세계가 과학에 의해 식민지화되고 있다는 엄중한 경고로 받아들인다. 과학의 식민지가 된 생활세계를 해방시킨다는 것은 근대의 기획을 멈추어 세우는 것과 동일한 뜻이 아니다. 하버마스가 근대 이성의 죽음과 근대 프로젝트의 폐기를 선언하는 탈근대철학에 반대하고, 생활세계에서 요청되는 '의사소통적 이성'을 제시한 이유다.

서양의 철학적 전통에서 이성은 항상 사유의 중심에 위치했다. 어떤 점에서 서양철학의 역사는 이성이란 무엇인가를 묻는, 이성이라는 개념의 해명의 역사로 볼 수 있다. 고대철학의 로고스(logos)부터 중세철학의 라티오(ratio)와 근대철학의 이성까지, 이성은 철학적 사유의 주체이면서 동시에 철학적 사유의 활동을 지칭하고, 때로는 철학적 사유의 대상이 되기도 했다. 이 책의 2부를 읽으면서 독자 여러분에게 이성이 가진 여러 모습의 얼굴에 주의를 기울이면서 읽어줄 것을 권한다.

한편 20세기 철학의 지형을 읽으려면 우리는 20세기 초반에 등장한 새로운 철학적 사조를 들여다봐야 한다. 이 사조는 철학의 기본 임무가 철학적 분석에 있다고 보기 때문에 통상 분석철학(analytical philosophy)이라고 불린다. 분석철학적 전통을 세운 인물 중의 한 사람으로 꼽히는 버트런드 러셀이 이야기한 것처럼 이 철학은 학문의 성격이나 그 연구 방법에서 전통적인 의미의 철학보다는 과학과 닮았다. 그래서 분석철학적 연구의 방향을 제시한 러셀과 분석철학적 전통을 영미 철학의 주류로 완성한 루트비히 비트겐슈타인의 영향을 크게 받은 빈 학단(비엔나 서클)의 논리실증주의는 그들의 철학적 정향을 '과학적 세계관'이라고 불렀다. 말하자면 빈 학단의 논리실증주의에서 철학과 과학은 구분이 되지 않는다. 아니, 더 분명하게 이야기하자면 철학은 과학의 시녀가 되어 과학적 지식 획득을 도와야 한다.

러셀은 분석적 방법으로 철학을 탐구해야 하며, 그때 철학의 제 문제가 완전하게 해결된다는 것을 믿어 의심하지 않았다. 빈 학단은 '과학적 세계관' 선언문을 통해 이 세상에 풀지 못하는 수수께끼는 없다고 단언했다. 이런 자신만만한 주장은 철학의 모든 문제는 논리를 분석해 명제를 명료화할 때 해결된다는 믿음을 배경으로 한다. 러셀이 수학의 모든 주장은 논리학으로 환원될 수 있다는 독일의 수학자 고틀로프 프레게의 학설에 주목하고, 앨프리드 화이트헤드와 함께 논리 개념과 연산을 기본으로 '수학의 원리'를 도출하는 '논리주의의 기획'을 구상한 것도 여기에서 비롯된다.

이 책에 실린 프레게와 러셀, 이들과 동시대의 인물로 논리학의 원리를 수학에서 끄집어내고자 한 수학자 라위천 브라우어, 마침내 러셀의 기획을 완성한 비트겐슈타인 철학의 흐름을 연결해 읽으면, 왜 젊은 비트겐슈타인이 《논리철학논고》를 탈고한 뒤에 철학의 모든 문제를 해결했다고 자부하며 철학계를 떠났는지 짐작할 수 있다. 그들에게 철학의 문제는 언어논리를 이해하지 못하는 데서 기인한다. 따라서 철학은 언어비판이며, 철학의 결과는 철학적 명제에 있는 것이 아니라 그 명제들을 명료화하는 데 있다.

이렇게 볼 때 우리는 편의상 20세기 철학의 흐름을 거칠게 두 갈래로 정리해 이야기할 수 있다. 하나는 이성을 매개로 한 흐름으로 여기에서는 철학과 과학이 대척 관계에 놓여 있다. 다른 하나는 논리 또는 언어를 매개로 한 흐름으로 여기에서는 철학과 과학이 보완 관계에 놓여 있다. 지역적으로 전자가 유럽 대륙의 합리주의 전통을 반영한다면, 후자는 영미의 경험주의 전통에 논리분석이 결합했다고 할 수 있다. 이 두 개의 흐름은 물과 기름처럼 서로 교류하지 않고 따로 놀았다.

비트겐슈타인의 후기 철학에서는 언어가 일상적 문맥에서 어떻게 사용되는가를 성찰하면서 분석철학에서 과학주의 또는 과학적 방법이 모든 학문적 방법의 원리가 되어야 한다는 자연주의와 거리를 유지하게 된다. 20세기 분석철학을 대표하는 거인 비트겐슈타인의 '전회(轉回)'는 유럽 대륙철학에서 20세기를 대표하는 또 한 명의 거인, 마르틴 하이데거가 말하는 인간의 '세계 내 존재'로서의 일상 세계에 대한 강조와 겹쳐지면서 언어에 대한 관심을 크게 증폭시켰다. 지금까지 이성은 언어 이전의 문제였다. 그러나 하이데거 철학에서 이성은 언어의 그물망 속으로 편입되었다. 철학사가들은 이러한 일련의 흐름을 '언어학적 전회'라고 불렀다. 철학이 존재와 인식의 문제에서 언어의 문제로 확 바뀌었다는 뜻이다.

20세기에 들어서 과학에 대한 정형화된 틀을 깨뜨린 주장들이 다양하게 쏟아졌다. 현대물리학을 개척한 알베르트 아인슈타인, 과학철학자 칼 포퍼와 토마스 쿤 그리고 과학과 철학이 기본적으로 같은 성격이라는 윌러드 콰인에 이르기까지, 과학적 사유는 닫힌 구조 속에 묶인 고정적 사유가 아니라 열린 구조에서 성찰적 사유를 지향한다는 점이 드러난다. 시간과 공간을 절대화한 근대 역학의 전제를 허문 상대성 이론, 경험주의와 합리주의 방법을 함께 비판한 포퍼의 과학적 방법론, 과학이론이 연속과 단절을 반복한다는 쿤의 과학사 등이 모두 과학에 대한 통념을 통쾌하게 전복한다.

Weber

"막스 베버"

현대 사회과학 방법론의 기초 .... 홍 성 기

카를 마르크스, 에밀 뒤르켕과 함께 현대 사회과학의 창시자로 평가되고 있는 막스 베버는 1864
년에 독일 에르푸르트에서 태어났다. 베버의 부친은 자본주의의 급성장기에 상업 및 방직업의 가
문에서 태어나 의회에 진출해 상당한 영향력을 행사했고, 모친의 집안은 대대로 공직자와 학자를
배출했다. 독일의 세련된 시민계층(Bürgertum)의 분위기에서 막스 베버는 자유주의적 세계시민이
갖추어야 할 소양을 배웠다. 부친과 모친 집안이 대변하는 두 경향, 즉 현실 정치가와 금욕적 학
자 사이에서 베버와 그의 형제들이 얼마간 정체성의 혼란을 겪은 것도 사실이라고 보인다.

개신교와 자본주의 직업 윤리 간의
친화성에 주목한 베버

막스 베버(Max Weber, 1864~1920)는 대학도시 하이델베르크와 대도시 베를린에서 법학을 배운 후 1889년에 논문 〈중세 상업 조직의 역사〉로 박사 학위를 받았고, 1891년에 〈로마 농업의 역사가 공법과 사법에 미친 영향〉이라는 교수 자격 논문을 제출해 통과했다. 1896년 하이델베르크 대학의 경제학 교수가 되어 자리를 잡은 베버는 매우 생산적인 연구와 함께 활발한 사회활동을 했지만, 아버지와 언쟁을 심하게 벌인 후 부친이 사망하자 신경쇠약과 불면증에 시달리기 시작했다. 1899년에 강의를 중단하고 이탈리아로 부인과 함께 여행을 떠났지만 1903년에 교수직을 사임할 수밖에 없었다.

베버가 남긴 명작은 교수직 사임 후에 나왔다. 1904년과 1905년에 경제학자 베르너 좀바르트(Werner Sombart)와 함께 책임 편집을 맡은 잡지 《사회과학과 사회정치 논총(Archiv für Sozialwissenschaften und Sozialpolitik)》에 그는 나중에 《프로테스턴트 윤리와 자본주의의 정신》으로 출판되는 논문을 두 번에 나누어 발표했다. 1920년 개정판으로 출간된 이 책은 사회학과 종교사회학의 기초를 놓은 명저가 되었다. 즉, 금욕적인 개신교 윤리가 속세적 이윤 추구를 목적으로 하는

베르너 좀바르트

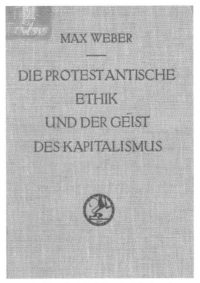

MAX WEBER
—
DIE PROTESTANTISCHE
ETHIK
UND DER GEIST
DES KAPITALISMUS

《프로테스턴트 윤리와 자본주의 정신》의 표지

자본주의의 발달을 어떻게 촉진했는지를 밝힘으로써, 이른바 "하부구조(생산·소유·분배 구조)가 상부구조(종교·법·문화·예술)를 결정한다."라는 마르크스의 주장을 뒤집어버렸다. 실제로 베버와 친밀하게 지냈던 좀바르트와 에른스트 트뢸치에 의해 독일에서 가톨릭교도에 비해 개신교도인 칼뱅주의자들이 훨씬 더 활발한 경제활동을 했다는 것이 이미 잘 밝혀져 있었고, 베버가 이 책을 쓰기 전에도 그의 주변에서는 개신교도와 자본주의 발달 간의 관계에 대한 열띤 논의가 있었다.

베버는 직업(Beruf)을 신의 부름(rufen)으로 파악한 개신교도의 직업관과 근면, 정직, 신용 등 그 자체를 목적으로 받아들인 자본주의의 직업윤리(Berufsethik)가 갖는 친화성을 주목했다. 한마디로 노동자를 착취하며 끝없이 '물질적' 소유욕에 사로잡힌 마르크스의 자본가와는 다른, 극도로 냉정하게 이윤을 추구하는 동시에 가장 엄격하게 윤리 정신을 지닌 베버가 말하는 자본가가 있다. 이러한 자본주의의 정신은 베버에 따르면 윤리가 존재했던 서양에서만 발달할 수 있었으며, 이 점을 밝히고자 베버는 중국, 인도, 이집트 등 몇몇 문화권을 종교사회학적으로 분석했다.

여기에서 우리는 마르크스나 베버 모두 자본주의의 출현을 위해 필요한 여러 가지 구성요소들을 가정하고, 또 이러한 구성 요소가 어떻게 관계를 맺는지 밝히고 있음을 알 수 있다. 그러나 현대 사회과학의 기초를 놓았다고 평가되는 마르크스와 베버가 '그리고 있는'

자본주의의 발달상이 전혀 다르다는 점에서 도대체 누구의 주장이 옳은지 의문이 드는 것은 당연하다.

다행히 마르크스와 베버 모두 이 질문에 대해 답을 제시했다. 마르크스는 자신의 유물론적 변증법에 의거한 자본주의 발달과 노동자 착취의 현실은 사실의 기술(記述)이며, 자본주의의 내적 모순으로 프롤레타리아혁명은 필연적으로 발생할 것이라고 단언했다. 한마디로 그는 과거 역사의 기술이나 미래의 예측 모두 사실에 부합하거나 부합할 수밖에 없다고 주장했다. 그러나 마르크스가 예언한 영국과 서유럽의 산업자본주의 사회에서 프롤레타리아혁명은 일어나지 않았고, 공산주의 혁명은 반농·반산업화 사회였던 러시아에서 소수의 직업혁명가들이 처음 일으켰다. 중국에서는 마르크스가 일종의 반동 세력으로 보았던 농민층을 기반으로 마오쩌둥이 사회주의 혁명을 일으켰다. 또 현실사회주의라고 스스로 불렀던 공산주의 국가들은 1990년대에 붕괴되어 사실상 공산주의는 현재 지구상에서 사라졌다. 남은 것은 마르크스가 기술한 자본주의 발달사가 사실에 부합하느냐는 것이다.

이론,
이상형이라는 개념들로 이루어진 구조체

　베버는 자신의 이론을 어떻게 판단했을까? 베버는 자신의 이론
이 역사적 사실에 대한 기술(記述)이 아니므로 옳고 그름의 판단 대상
이 아니라고 대답할 것이다. 그렇다면 그의 이론은 가설(假說)을 의미
할까? 가설이란 엄밀한 의미에서 참으로 확인된 것도 거짓으로 반
증된 것도 아니라는 점에서 날카로운 진위 판단의 대상이 아닐 수
있다. 그러나 베버는 자본주의의 발달에 대한 종교사회학적 판단
을 가설이라고도 보지 않을 것이다. 그는 자신의 이론에 현대 사회
학 및 여타 분야에서 널리 사용되는 하나의 학문 방법론, 즉 이상형
(Idealtypus)이라는 개념으로 이루어진 구조체라는 성격을 부여했다.
그렇다면 베버가 말하는 이상형이란 무엇일까?

●

이상형은 하나 또는 몇몇의 관점을 일방적으로 강조한 후,
불분명하고 서로 무관한, 때로는 전혀 존재하지 않는 일련의 개별 현상을
여기 조금 더, 저기 조금 덜 모아 합쳐서 바로 일방적으로 강조된 관점에 추가해
하나의 통일적인 사고그림이 되도록 만들어진다.
이상형의 개념적 순수성으로 인해

이러한 사고그림은 현실 어디에서도 경험적으로 발견될 수 없으며
그것은 일종의 유토피아이다.

즉, 이상형이란 우리가 흔히 말하는 추상화보다 더 가공의 요소로 얻어진 것으로서 현실에서 출발하더라도 현실을 있는 그대로 모사(模寫)하는 데에 목적을 두고 있지 않다. 예를 들어 관료제, 자본주의 정신, 통치 체제 등에 대한 이상형적 개념은 현실에 존재하는 관료제 등을 묘사하는 것도, 또 이러한 관료제가 지향해야만 하는 당위성을 지니지도 않다.

그렇다면 이런 이상형을 도입하는 목적은 무엇일까? 베버는 두 가지 쓰임을 말한다. 첫째, 일종의 잣대(Messlatte) 역할을 한다. 즉, 현실과 순수한 개념을 비교해 그 질적, 양적 차이를 확인할 수 있는 일종의 고정점의 의미를 지닌다. 둘째, 이렇게 비교해 그 차이를 줄여나갈 새로운 개념과 요소를 도입해 역사의 경우 개별 사건들의 인과관계, 사회학의 경우 일종의 규칙성을 발견할 수 있다. 이 점은 우리가 여러 가지 이유로 다시 재현할 수 없는 사건을 시뮬레이션해 그 과정을 연구하는 것과 구조적으로 동일한 방식이다. 처음에 도입한 시뮬레이션 모델이 현실과 큰 차이가 나면, 우리는 새로운 요소를 도입해 좀 더 현실과 흡사한 결과를 내도록 시뮬레이션을 하고, 어느 정도 현실과 흡사한 결과를 낼 수 있는 시뮬레이션의 내적 구조가

바로 사건의 구조와 일치한다고 본다. 이처럼 현실과 밀접한 시뮬레이션의 내적 구조를 우리는 실제 일어난 사건에 대한 가설이라고 볼 수 있지만, 연구 초반에 도입된 시뮬레이션은 사실 진위 판단의 대상이 전혀 아니라는 점은 명백하다. 다시는 반복될 수 없는 역사적인 개별 사건의 원인 규명에 이상형이 마치 시뮬레이션으로 도입되었다는 점은 사실 매우 중요한 방법론적 의미를 지닌다.

칸트는 철학자
베버는 사회학자

베버의 학문 방법론으로서 이상형의 도입은 그 연원을 두 가지 측면에서 찾을 수 있다. 우선 그는 인식주체와 인식대상으로서 현실의 넘을 수 없는 간극을 강조한 신칸트학파에게서 현실이란 개념 없이는 접근조차 불가능하다는 점을 배웠다. 즉, 엄밀한 의미에서 다시 반복되지 않고 개별적이며 무정형적이고 무질서한 현실에 접근하는 길은 보편적이고 반복 사용 가능한 개념을 통해, 즉 현실을 개념을 통해 구획화, 범주화해야만 가능하다고 보았다. 물론 인식주관과 물자체(Ding an sich)의 간극에 대한 철학적 기원이 칸트임은 더 말할 필요도 없다.

다른 한편, 개인의 자유와 의무에 대한 깊은 믿음이 있었던 베버는 이상형을 도입하면서 주관성을 배제할 수 없음을 분명하게 인식했다. 앞에서 인용한 이상형에 대한 베버의 설명에서 연구 대상의 몇몇 측면에 대한 '일방적(einseitig)' 강조를 솔직하게 인정한 것도 바로 연구자의 주관적 가치판단이 이상형의 형성에 필수불가결하다는 점을 말하기 위한 것이었다. 연구자의 주관적 가치판단 없이는 현실의 어느 측면도 포착될 수 없고, 이처럼 피할 수 없는 주관성이 분명하게 강조되지 않으면 독자는 물론 연구자 스스로 주관성과 객관성을 혼동할 위험에 빠진다고 베버는 판단했다. 즉, 연구자 스스

막스 베버의 묘비

2부 | 현대의 철학자

로 자신의 연구가 지니는 주관적 한계를 명철하게 의식해야 하고, 오로지 이런 경우에만 그의 작업이 분명한 학문적 의미를 부여 받을 수 있다고 보았다. 여기에서 학자란, 마치 그리스 비극의 주인공처럼 비극적 운명을 명철한 정신으로 받아들여 운명을 극복하는 영웅적 측면을 갖는다. 바로 이 점에서도 우리는 주관적이지만 보편성을 지닌 미학적 판단의 이중성을 역설한 칸트와 흡사한 점을 보게 된다. 어떤 베버 연구가가 칸트는 철학자이고 베버는 사회학자이며, 두 사람의 차이점은 바로 여기에서 끝난다고 말한 것도 결코 과장이 아니다.

엄밀성과 냉철함을 강조했던 베버가 갖는 의미는 사실 학문 세계에서만 강조될 필요가 없다. 개별적 사건으로서 재현이 불가능한 경우 이상형이라는 일종의 시뮬레이션을 통해 접근하되 이상형을 통한 사실 접근의 한계에 대한 분명한 인식을 한 베버와 달리, 우리 주변에는 논리적 수미일관을 보이지 못하는 단순 상상의 그림을 곧바로 현실 또는 가설이라고 주장하는 경우가 비일비재하기 때문이다.

Frege

"고틀로프 프레게"

실패한 철학적 기획으로 ⋯⋯⋯⋯⋯⋯⋯⋯⋯ 박 일 호
지성사의 전환점을 마련하다

저명한 철학사가 안토니 케니(Anthony Kenney)는 고틀로프 프레게(Gottlob Frege, 1848~1925)를

크리스토퍼 콜럼버스와 비교했다. 서쪽으로 항해해 인도를 발견하려던 콜럼버스의 시도는 실패

했다. 하지만 그의 '발견'으로 유럽은 아메리카 대륙을 알게 되었다. 마찬가지로 일생을 건 프레게

의 철학적 기획은 결국 실패했다. 하지만 그 과정 중에 새로이 확립된 논리학과 철학은 큰 진전을

거두었다. 유럽인들에게 아메리카 대륙의 발견은 세계지도가 바뀌는 사건이었다. 마찬가지로 프

레게의 후계자들에게 그의 새로운 논리학과 철학은 지성사의 커다란 전환점이었다.

쓸쓸했던 프레게의 인생
천재가 천재를 알아보다

프레게의 일생은 쓸쓸했다. 19세기 예나 대학의 수학과 교수였지만, 그는 사람들에게는 거의 알려지지 않았다. 철학자뿐만 아니라 수학자조차 프레게의 글을 읽지 않았으며, 읽었다 하더라도 대부분 적대적이었다. 1910년대에 여러 차례 프레게의 논리학 수업을 들었던 과학철학자 루돌프 카르나프(Rudolf Carnap)가 회상하기를, 그는 작고 내성적인 사람이었다고 한다. 두세 명의 학생들만이 수강할 정도로 그의 수업은 별로 인기가 없었다. 얼마 되지 않는 학생들마저 거의 쳐다보지 않고, 이상한 기호를 칠판에 잔뜩 써가면서 조용한 목소리로 수업을 하는 프레게의 모습은 무척이나 쓸쓸해 보였다고 한다.

천재는 천재를 알아보는 법이다. 주변 학자들에게 철저히 무시당하던 프레게의 위대함을 알아본 위대한 철학자들이 있었다. 러셀, 비트겐슈타인, 카르나프가 그들이다. 프레게가 러셀에게 미친 영향력은 러셀과 화이트헤드가 함께 쓴 《수학의 원리(Principia Mathematica)》에서 정점에 이른다. 또한 비트겐슈타인은 《논리철학논고》 서문에서 자신의 철학은 프레게의 위대한 저작에 커다란 영향을 받았다고 밝혔다. 마찬가지로 카르나프 역시 그의 자서전에서 자신의 논리학과 의미론은 프레게로부터 직접적이고 강한 영향을 받았다고 서술했다. 이렇듯 몇몇 논리학자들과 철학자들에게 프레게는 아버지다. 그는 전통 논리학을 넘어서는 새로운 논리학, 즉 현대 수리논리학을 만든 인물이다.

이제 본격적으로 프레게의 논리학과 철학을 살펴볼 시간이다. 거칠게 말하자면, 프레게는 아리스토텔레스를 넘어섰으며 칸트와 대립했다. 하지만 그의 철학적 기획은 러셀에 의해 좌절되었다.

새로운 논리학
프레게는 현대의 아리스토텔레스

프레게가 평생 동안 연구한 것은 산수였다. 프레게의 산수는 정수뿐만이 아니라 실수와 복소수에 대한 것까지 포함한다. 넓은 의미에서 수에 대한 학문이라고 생각하자. 수는 수학의 가장 기본적인 구성 요소 중에 하나다. 그리고 산수에는 이런 수에 관한 다양한 문장들이 있다. 가령, '2+3=5'라든가, '2+2=5'와 같은 것이 그런 것들이다. 여기에서 '2+3=5'는 수에 관한 참인 문장이지만, '2+2=5'는 수에 관한 거짓인 문장이다. 이제 프레게가 묻는다. '2+3=5'가 참인 근거는 무엇인가? 당신은 왜 '2+3=5'가 참이라고 생각하는가? 프레게의 답은 논리적 참에 있었다. 논리적으로 참인 문장이란 너무나도 자명해 특별한 증명이나 정당화가 필요 없는 문장을 말한다. 예를 들어, '지금 비가 오거나 비가 오지 않는다.'와 같은 문장이 논리적으로 참인 문장이다. 이제 이런 문장을 논리적 진리라고 부르자. 프레게는 '2+3=5'와 같은 산수의 진리들이 이런 자명한 논리적 진리에서 추론되고, 따라서 산수는 논리학에 기초한다고 생각했다. 즉, '2+3=5'가 참인 이유는 무척이나 자명한 논리적 진리에서 추론될 수 있기 때문이고, '2+2=5'가 거짓인 이유는 그렇지 못하기 때문이다.

여기에서 잠깐 '추론'이라는 말에 주목하자. 추론은 전제에서 결론을 도출하는 과정 또는 그것을 언어로 표현한 것이다. 그렇다면 추론을 다루는 학문은 무엇인가? 그것은 바로 논리학이다. 다시 말해 논리학은 전제에서 결론을 추론하는 것이 옳은지 그른지를 판단하는 학문이다. 즉, 전제가 참이라는 것에서 결론이 참이라는 것을 옳게 추론할 수 있는지에 관한 학문이 바로 논리학이다. 그러려면 전제가 말하는 게 정확하게 무엇이고, 결론이 말하는 바가 정확하게 무엇인지 알아야 한다.

그렇다면 다음 두 문장을 비교해보자. '철수는 남자이며 군대를 다녀오지 않았다.', '철수는 남자임에도 군대를 다녀오지 않았다.' 이 두 문장은 같은 것을 말하는가? 다소 불분명하다. 두 번째 문장은 남자와 군대 사이의 어떤 특별한 관련이 있다는 뉘앙스를 풍긴다. 하지만 첫 번째 문장은 그렇지 않다. 이런 점에서 두 문장이 말하는 바는 서로 다르다고 말할 수도 있다. 이제 이 두 문장의 참, 거짓을 생각해보자. 어떤 경우에 두 문장은 참이라고 말할 수 있는가? 또 어떤 경우에 두 문장은 거짓이라고 말할 수 있는가? 철수가 남자이고 철수가 군대를 다녀오지 않았다면 '철수는 남자이며 군대를 다녀오지 않았다.'는 문장과 '철수는 남자임에도 군대를 다녀오지 않았다.'는 문장은 모두 참이 된다. 마찬가지로 철수가 남자가 아니거나 그가 군대를 다녀왔다면 두 문장은 모두 거짓이 된다. 즉, 참과 거짓이 되는 조건은 두 문장이 서로 같다. 앞에서 논리학은 전제가 참일 때 결론이 참이라는 것이 옳게 추론될 수 있는지를 밝히는 학문이라고 했다. 즉, 논리학에서 중요한 것은 문장이 참이냐 거짓이냐.

이렇듯 우리가 일상적으로 사용하는 언어의 문장들이 지니는 뉘앙스는 논리학에서 별다른 역할을 하지 못한다. 바로 이 이유에서 논리학은 우리의 일상적인 언어의 뉘앙스와 같은 특징이 배제된 특별한 언어를 필요로 한다. 그리고 이를 위해 프레게가 쓴 책이 바로 《개념 표기법》이다. 바로 이 책에서 현대 수리논리학이 시작된다. 즉, 이 책에서 다양한 기호, '¬(~이 아니다)', '→(~이면 …다)', '↔(~인 경우에, 그리고 그런 경우에만 …다.)', '∀(모든)' 등으로 이루어진 새로운 논리 언어가 제안된다. (여기에서 언급한 기호는 실제로 《개념 표기법》에 등장하는 기호와 다르며, 이것은 현대 수리논리학 기호이다. 원래의 프레게 기호는 2차원 다이어그램으로 되어 훨씬 복잡해보인다.)

하지만 여기에 주의할 것이 있다. 프레게는 결코 인공어를 일상어보다 더 훌륭한 언어로 생각하지 않았다. 그는 인공어와 일상어의 관계를 현미경과 우리의 눈의 관계에 비유한다. 현미경이 우리의 눈보다 훌륭하다고 말할 수 없다. 우리 눈은 현미경으로는 할 수 없는 일을 해낸다. 그렇지만 어떤 과학적 탐구를 위해서는 현미경의 사용이 절실하다. 마찬가지로 일상어는 인공어가 해내지 못하는 일을 할 수 있다. 하지만 일상어는 문장들 사이의 논리적 관계를 검토하는 데는 부적합하다. 이를 위해 뉘앙스와 같은 심리적 요소를 배제한

《개념 표기법》의 표지

《산수의 기초》의 표지

새로운 인공어가 필요하다는 것이 프레게의 생각이었다.

물론 논리학의 역사는 오래되었다. 논리학은 고대 그리스의 아리스토텔레스가 처음으로 체계적으로 정리했다고 한다. 흔히 이 아리스토텔레스의 논리학을 전통 논리학이라고 한다. 논리학 분야에서 프레게는 현대의 아리스토텔레스라고 불린다. 그리고 프레게의 새로운 논리학은 아리스토텔레스의 전통 논리학을 뛰어넘었다고 평가받는다. 어떤 점에서 프레게의 논리학이 아리스토텔레스의 논리학보다 우수한지를 설명하는 것은 이 글의 목적 밖에 있다. 가령 '어떤 사람은 모든 사람을 사랑한다. 그러므로 어떤 사람은 철수를 사랑한다.'와 같은 추론이 옳다는 것을 전통 논리학은 설명하기 어렵지만, 프레게의 논리학은 체계적으로 설명할 수 있다. 기억할 만한 사실은 프레게 이후 지난 100여 년 동안 진행된 논리학의 발전은 아리스토텔레스 이후 프레게 이전까지 2000년 동안 진행된 논리학의 발전을 압도한다는 사실이다.

산수의 진리들을 논리적 진리들로 환원
프레게의 논리주의

이제 프레게의 철학적 기획으로 되돌아가자. 그가 목표로 한 것은 산수의 진리를 논리적 진리에서 추론하는 것이었다. 조금 더 어렵게 말해, 그는 산수의 진리들을 논리적 진리로 환원하려고 했다. 이렇게 산수가 논리학에 기반을 둔다는 주장을 논리주의라고 한다. 이것은 산수에 대한 당시 지배적인 이론과 충돌한다. 가령 칸트는 산수의 진리는 논리학의 진리와 다르다고 생각했다. 역시 어려운 말로 칸트에게 논리학의 진리는 분석적이지만 산수의 진리는 분석적이지 않다. 하지만 산수의 진리가 논리학의 진리에서 추론될 수 있다고 생각한 프레게는 산수의 진리 역시 분석적이라고 생각한다.

그렇다면 이 논리주의적 기획을 완성하려면 가장 먼저 해야 할 것은 무엇인가? 그것은 우선 참인 수에 관한 문장에 등장하는 0이나 1과 같은 수를 순수한 논리적 언어로 정의하는 것이다.

대략적으로라도 프레게의 수 정의를 이해하려면 몇 가지 까다로운 논리학 지식이 필요하다. 기본적으로 필요한 것은 '개념'과 그것의 '외연'이다. 개념들은 그것에 귀속된 대상들을 지닌다. 예를 들어 태연, 윤하, 서현 등은 '소녀시대' 멤버라는 개념에 귀속된 대상들이다. 달리 말해, '○○은 소녀시대의 멤버다'는 표현의 빈자리, '○○'을 채웠을 때 참인 문장이 만들어지는 대상을 소녀시대 멤버라는 개념에 귀속된 대상이라고 말한다. 그리고 그런 대상들의 집합을 소녀시대 멤버라는 개념의 외연이라고 부른다. 즉, 소녀시대 멤버 9명으로 이루어진 집합을 소녀시대 멤버라는 개념의 외연이라고 부른다. 물론 모든 개념들이 그것에 귀속된 대상을 지니는 것은 아니다. 가령 소녀시대의 남자 멤버라는 개념에 속하는 대상은 아무것도 없다. 이런 경우 우리는 소녀시대의 남자 멤버라는 개념의 외연은 공집합이라고 말한다.

수의 정의 '수가 같다'의 의미

이제 프레게의 아이디어를 대략적으로 이해해보자. 이를 위해 소녀시대 멤버의 수, 즉 9를 정의해보자. 프레게는 수 9를 소녀시대 멤버라는 개념과 수가 같은 개념들의 집합으로 정의한다(물론 프레게는 소녀시대를 모른다. 나중에 밝혀지겠지만 설사 알았다고 하더라도 프레게는 이런 9에 대한 정의를 받아들이지 않을 것이다). 즉, 9는 소녀시대 멤버의 수와 같은 수의 대상들이 귀속된 개념의 집합이다. 이 집합에는 9개의 대상이 귀속된 다양한 개념이 포함된다. 즉 프레게의 아이디어에 따르면 다음 집합이 수 9가 된다. 예컨대 지금은 왜소행성으로 분류되는 명왕성을 포함한 태양계 행성, 코리안 시리즈 7차전에 선발 출장한 야구 선수 등 말이다. 소녀시대의 남자 멤버의 수, 즉 0 역시 마찬가지다. 그것은 소녀시대 남자 멤버라는 개념과 수가 같은 개념들의 집합이다. 가령 다음 집합이 수 0이다. 조선의 여왕, 유니콘, 둥근 사각형 등.

이런 정의에는 문제가 있다. 첫 번째 문제는 정의에 포함되어 있는 '수가 같다'는 표현이다. 우리는 수 9를 소녀시대의 멤버라는 개념과 수가 같은 개념의 집합으로 정의했다. 수의 정의에 '수가 같다'는 표현이 포함되었다. 수를 이용해 수를 정의한 것이다. 그렇다면 이 정의는 순환적이다. 이것은 문제다. 하지만 이는 겉으로만 그럴 뿐이다. 프레게는 이 '수가 같다'는 것을 수 개념을 이용하지 않고 정의한다. 두 번째 문제는 정의에 포함된 개념이 논리적이지 않다는 것이다. 0의 정의를 다시 생각해보자. 우리는 0을 정의하고자 소녀시대 남자 멤버라는 전혀 논리적이지 않은 개념을 이용했다. 논리적이라는 것은 자명하고 증명이 필요 없다는 것 정도로 이해하자. 하지만 소녀시대의 남자 멤버에 속한 대상이 없다는 것은 자명하지 않고 증명이 필요한 이야기다. 따라서 프레게는 이런 정의를 용납하지 않을 것이다.

그렇다면 속하는 대상이 아무것도 없다는 것이 자명한 개념에는 무엇이 있는가? 프레게는 그런 개념으로 자기 자신과 동일하지 않음이라는 개념을 제시한다. 모든 것은 자기 자신과 동일하다. 자기 자신과 동일하지 않은 것을 찾을 수 있는가? 논리적으로 표현해, $x \neq x$를 만족하는 x가 존재하는가? 분명히 그런 것은 없다. 따라서 프레게는 순수 논리적인 방식으로 0을 다음과 같이 정의한다. 자기 자신과 동일하지 않음이라는 개념과 수가 같은 (또는 일대일 대응하는) 개념들의 집합 말이다. 이제 0에 대한 정의는 순수 논리적인 것이 된다. 1 과 2 역시 이와 유사한 방식으로 정의될 수 있다(엄격하게 말하자면 프레 게는 1과 2를 이렇게 정의하지 않는다. 그는 특별한 논리적 진리를 이용해 그 수들의 존재 를 추론한다). 이제 수를 정의했으니, 이것과 논리학의 몇몇 법칙을 통 해 산수의 진리를 추론해내는 일만 남았다. 이제 성공이 눈앞에 있 는 것처럼 보인다.

러셀의 역설
프레게의 철학적 기획을 좌절시키다

안타깝게도 이러한 프레게의 논리주의적 기획은 한 방에 무너진 다. 이 좌절은 그의 《산수의 근본 법칙(Die Grundgesetze der Arithmetik)》 2권이 인쇄되는 동안 러셀에게 받았던 편지에서 비롯되었다.

이어지는 버트런드 러셀 편에서도 설명되지만, 프레게의 체계에 따르면 자기 자신을 원소로 갖지 않는 집합들의 집합 역시 존재할 수 밖에 없다는 것이 문제를 일으켰다. 사실 대부분의 집합은 자신을 원소로 갖지 않는다. 사람들의 집합은 사람이 아니다. 따라서 사람 들의 집합 속에는 사람들의 집합이 속하지 않는다. 물론 자기 자신 을 원소로 갖는 집합들도 있다. 가령 사람이 아닌 것들의 집합은 사람이 아니다. 따라서 사람이 아닌 것의 집합은 사람이 아닌 것의 집합의 한 원소다.

이제 따져보자. 자기 자신을 원소로 갖지 않는 집합들의 집합이 있다고 가정하자. 이런 집합을 A라고 하자. 그렇다면 이제 물어보자. A는 A의 원소인가? 우선 그렇다고 가정해보자. 즉, A가 A의 원소라고 가정하자. 그렇다면 A는 자기 자신을 원소로 가지는 집합이 된다. 그런데 A는 자기 자신을 원소로 가지지 않는 집합들의 집합이었다. 따라서 A는 A에 속할 수 없다. 이는 가정과 충돌한다.

한편 A가 A의 원소가 아니라고 하자. 즉, A는 자신을 원소로 가지지 않는 집합이다. 다시 한 번 A는 자기 자신을 원소로 가지지 않는 집합들의 집합이라는 것을 기억하라. 따라서 A는 A의 원소다. 그러나 이 역시 A가 A의 원소가 아니라는 가정과 충돌한다. 이런 논증은 유명한 이발사의 역설과 유사하다. 스스로 면도하지 못하는 사람들은 모두 면도해주고 스스로 면도하는 사람은 면도해주지 않는 이발사가 있다고 생각해보라. 그렇다면 그 이발사는 누가 면도해주는가?

이런 역설이 담긴 러셀의 편지를 받고 프레게는 좌절한다. 그리고 자기 나름의 해결책을 찾으려고 한다. 이런 충격에 직면한 프레게는 《산수의 근본 법칙》 2권 부록에 다음과 같이 서술한다.

연구가 다 끝난 후 자신의 지식 체계 기초 중에 하나가 흔들리게 된 것보다 과학적인 저자에게 더 불행한 일은 없다. (중략) 이제 나는 산수가 어떻게 과학적으로 확립될 수 있는지 수가 어떻게 논리적 대상으로 파악될 수 있는지 알지 못한다.

앞서 언급했듯이 안토니 케니는 프레게를 콜럼버스에 비유했다. 일생을 바친 철학적 기획은 결국 실패했지만, 그의 유산은 찬란하다. 비록 이 글은 프레게의 수리철학, 특히 논리주의에 대해서만 다루었지만, 그것은 주어진 지면의 한계 때문이다. 실패담 속에 드러나는 프레게의 논리적, 철학적 통찰은 훗날 논리학자들과 철학자들에게 커다란 영감의 원천이 되었다. 마지막으로 프레게에 대한 케니의 언급을 한 가지만 더 소개하자. 케니는 철학적 문장가로서 프레게를 능가하는 사람은 플라톤과 데카르트뿐이라고 단언한다. 그는 특히 《산수의 기초》는 모든 시기에 걸쳐 독창적이고, 명쾌하고, 엄밀하고, 경제적이고, 위트가 있고, 미묘하고, 심오한 위대한 철학적 걸작 가운데 하나라고 소개한다. 다행스럽게도 《산수의 기초》는 우리말로 번역되었다.

Russell

"버트런드 러셀"

논리적으로 행동했던 철학자 .... 홍 성 기

철학에 깊은 관심이 없더라도 버트런드 러셀(Bertrand Russell, 1872~1970)의 이름을 들어본 사람은 많다. 왜냐하면 그는 《결혼과 성》,《나는 왜 기독교인이 아닌가》,《왜 사람들은 싸우는가》 같은 일반 대중이 쉽게 접할 수 있는 책을 썼기 때문이다. 그러나 대중적이건 전문적이건 러셀의 책에는 공통점이 있다. 즉, 그의 책은 대부분 논증이다. 전제 몇 가지에서 논리적으로 결론을 도출하는 것이 논증이라면, 러셀의 사상과 삶은 논리적 사고와 분리 불가능하다. 철학자로서 그의 업적이 논리학, 수리철학 및 분석철학 분야에 집중된 것도 우연이 아니다.

수학에 재능을 보였던 소년
수학의 기초를 확립하다

러셀은 1872년 5월 18일 영국의 웨일즈에서 태어났다. 그의 가문은 영국의 오래된 명문가로서 할아버지 존 러셀(John Russell)은 빅토리아 여왕 시기에 두 번이나 총리를 지냈다. 러셀은 일찍 부모를 여의고 1878년에는 할아버지도 사망해 어린 시절을 할머니 밑에서 보냈다. 할머니는 삶의 원칙이 분명해 어린 러셀에게 깊은 영향을 끼쳤다. "다수를 따라 악을 행하지 말라.(《출애굽기》 23:2)"라는 성경의 구절은 러셀의 좌우명이 되었다.

러셀은 소년 시절부터 재능을 보였던 수학을 케임브리지 대학에서 1890년에서 1893년까지 배우고, 1895년에는 대학교수가 되었다. 이때 알게 된 앨프리드 화이트헤드와 함께 그는 수학을 엄밀한 연역적 증명 체계로 재구성하려는 시도를 했다. 그 결과가 1903년 출간되어 러셀과 화이트헤드에게 세계적 명성을 가져다준 《수학의 원리》다.

여기에서 '증명'이란 개념에 대해 잠시 살펴보자. 일상생활에서 증명이란 '너의 사랑을 증명해봐', '무죄임이 증명되었다' 등 광범위하게 사용되지만, 논리학과 수학에서 좁은 의미의 증명이란 주어진 글자를 허용된 변형 규칙에 따라 바꾸는 행위로 이때 만들어진 행위의 결과가 바로 증명된 글자이며, 이 변형 과정 전체를 우리는 증명이라고 부른다. 여기에서 알 수 있듯이 좁은 의미에서 증명이란 참과 거짓이라는 개념을 전혀 전제하지 않는 일종의 글자 조작에 불과하다.

러셀이 이처럼 무미건조한, 그러나 엄밀하게 주어진 변형 규칙만을 따르는 증명 체계로 수학의 기초를 확립하려고 했던 것은 두 가지 이유 때문이었다. 첫째, 그는 수학자가 사용하는 일상어가 수학과 같은 엄밀한 학문에는 어울리지 않을 만큼 모호하다고 생각했다. 이런 모호성을 제거하고자 기호의 의미에 의존하기보다는 엄밀한 기호 조작이 훨씬 더 도움이 된다고 믿었다. 둘째, 이러한 수학

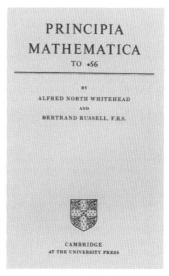

《수학의 원리》 표지

적 증명 체계의 출발점은 논리학의 영역에서 제공할 수 있다고 생각했다. 즉, 수학은 논리학에 전적으로 환원될 수 있다는 생각이다. 우리는 수학의 기초와 관련해 이러한 입장을 '논리주의(logicism)'라고 부른다.

러셀의 역리 집합론의 모순

영국에서만 수학을 논리학 위에 세우려는 시도가 있었던 것은 아니다. 러셀과 화이트헤드 이전에 독일에서는 분석철학의 아버지라고 할 수 있는 프레게가 완전히 형식화한 논리학, 즉 현대에 와서 형식논리학(formal logic) 또는 기호논리학(symbolic logic)이라고 부르는 분야를 완성했다. 이 형식논리학을 바탕으로 수학의 기초를 논리학으로 환원하려는 시도가 바로 그의 《산수의 근본 법칙》이다. 단, 프레게에게 논리학이란 지금과는 달리 집합론도 포함한 것이었다.

●

1년 반 전부터 저는 당신의 책 《수학의 근본 법칙》을 알고 있었습니다.
그러나 이제야 당신의 책을 철저히 공부하려고 필요한 시간을 찾을 수 있었습니다.
나는 당신과 모든 주요 사항에 대해 완전한 의견 일치를 보았지만……
– 1902년 6월 16일, 러셀이 프레게에게 보낸 편지

이 러셀의 편지에는 프레게의 기념비적 업적을 칭찬하고 공감하는 내용만 있는 것은 아니었다. 몇 줄 안 되지만, 후에 '러셀의 역리'라고 불리는 집합론의 모순이 담겨 있었다. 그 내용은 다음과 같

다.(프레게 편 참고)

　우선 자기 자신을 원소로 포함하지 않는 집합을 찾아보자. 예를 들어 한국인의 집합을 K라고 한다면, 분명 K는 K 자신의 원소가 아니다($K \notin K$). 자기 자신을 원소로 포함하지 않는 집합들은 흔하며, 우리는 집합의 원소로 집합(집합의 집합)도 인정하므로, K처럼 자기 스스로의 원소가 아닌 집합들을 원소로 갖는 집합을 일단 존재한다고 상상할 수 있다. 문제는 이처럼 존재한다고 생각되는 집합에서 출구가 보이지 않는 역설이 발생한다는 점이다.

$X = \{x \mid x \notin x\}$

만일 $X \in X$라고 하면,

(원소) X는 (집합) X의 조건 '$X \notin X$'을 만족하므로 $X \notin X$.

만일 $X \notin X$라고 하면,

(원소) X는 (집합) X의 조건 '$X \notin X$'을 만족하므로 $X \in X$.

　러셀의 역리는 게오르크 칸토어(Georg Cantor)가 처음으로 제창한 집합론에 모순이 있음을 보여주었고, 집합론에서 산수의 기초를 확보하려고 시도한 프레게의 시도는 실패했다. 즉 집합론을 포함한 논리학에서 수학의 기초를 확보할 수 있다는 프레게의 논리주의는 근본부터 흔들렸다.

당신이 발견한 모순은 저를 정말로 경악시켰습니다.
거의 무너뜨렸다고 말할까요. 왜냐하면 그 모순으로 인해
내가 산수의 기초로 삼으려던 것이 흔들렸기 때문입니다. (중략)
어쨌든 당신의 발견은 매우 특이하며, 첫눈에는 반갑지 않은 것으로 보일지라도
어쩌면 논리학에 매우 큰 발전을 가져올지도 모릅니다.
– 1902년 6월 22일, 프레게가 러셀에게 보낸 편지

　　프레게의 《산수의 근본 법칙》은 러셀이 편지를 보냈을 때 2권의
인쇄에 들어간 상태였다. 프레게는 '수십 년의 연구 끝에 진리를 발

견했다는 확신이 들어 책
을 쓰고 인쇄에 들어간 순
간, 그 확신을 송두리째
흔들어버리는 오류를 발
견했을 때의 참담함'에 대
해 이야기했다. 그러나 러
셀과 화이트헤드가 집필
했던 《수학의 원리》도 완
전한 성공은 아니었다. 모
든 수학의 진리를 증명 체
계에서 증명한다고 믿었

게오르크 칸토어

던 러셀의 시도는, 기본적으로 증명이 자의적인 글자 조작에 불과하다는 점에서 어떤 증명 체계가 진정한 수학 체계인지라는 질문을 제기할 수밖에 없었다. 비유하면, 이 질문은 '3점 슛을 허용하는 4쿼터제 농구'와 '2점 슛만을 인정하고 전후반제의 농구' 중 무엇이 진정한 농구인지 묻는 것과 조금도 다르지 않았다.

이 문제제기는 러셀에게는 특별히 뼈아픈 상황이 될 수밖에 없다. 왜냐하면 러셀은 일반 수학자가 사용하는 언어가 모호하므로 엄밀한 수학적 증명 체계를 만들려고 했다. 그러나 모든 증명 체계가 본질적으로 자의적이라는 점에서 결국 비판의 대상이었던 일반 수학자들의 행위와 일치하는 증명 체계를 선택할 수밖에 없기 때문이다. 즉,《수학의 원리》는 수학의 현실을 증명체계로 엄밀히 재현 가능함을 보여주는 데에 그쳐야만 했다.

러셀의 해결책
'논리원자주의' 사고방식

러셀에게도 집합론의 모순은 골치 아픈 문제였다. 그러나 러셀의 역리를 들여다보면, 해결의 단초가 없는 것도 아니다. 우선 '$x \notin x$'와 같은 집합 X의 조건을 보면 원소와 집합 간의 계층 차이가 전혀 없다는 사실이 눈에 들어온다. 우리는 상식적으로 어떤 집합의 원소가 주어지면 그 집합의 동일성(identity)이 결정된다고 보는데, 원소와 집합 간의 계층 차이가 없다면 이처럼 집합의 동일성을 결정하는 데에 뺑뺑이 돌기가 발생함을 직감할 수 있다. 즉 집합 X의 동일성을 결정하려면 그 원소를 결정해야하고, 그 원소를 결정하려면 집합 X의 동일성도 결정해야 한다. 여기에서 집합 X의 동일성이 한편으로는 결정의 대상으로서 다른 한편으로는 결정의 수단으로 등장함을 간파한 사람도 있을 것이다. 일종의 자기정당화의 예라고 보아도 무방하다.

러셀은 이 문제를 피하는 간단한 방법이 있음을 알았다. 바로 '유형론(theory of types)'이라고 불리는 원소와 집합 간의 계층 차이를 도입하는 것이다. 집합의 계층에서 가장 밑바닥에는 그 자신은 더 이상 집합이 아닌 개체(individual)가 있고, 다음 계층에는 개체만을 원소로 갖는 집합이 있고, 그 다음에는 이전 계층의 집합들을 원소로 갖는 집합이 있고……. 우리는 이미 이와 비슷한 사고방식을 철학사에서 보았다. 다른 존재의 구성 요소이지만 그 자신은 구성 요소를 지니지 않는 것, 즉 더 이상 분할될 수 없는 존재를 '원자'라고 불렀다.

러셀의 해결책은 이른바 '논리원자주의(logical atomism)'라고 불리는 사고방식과 밀접한 관계가 있다. 모든 명제는 쪼개질 수 있는 분자명제와 더 이상 쪼개질 수 없는 원자명제로 나뉘고, 바로 이러한

원자명제는 세계를 구성하는 단순한 사실(fact)에 대응한다. 비유하자
면, 일종의 레고(Lego)놀이로 언어와 세상을 보는 방법이다. 그러나
러셀의 유형론은 모든 집합에 계층, 즉 계급이 있다는 매우 비현실
적인 가정을 하고, 실제로 그 유형을 잘 고려하면서 집합을 사용하
는 것은 쉬운 일이 아니다. 결국 칸토어가 제창한 집합론을 엄격하

게 재조직해야 할 필요성이 제기되었다. 이른바 '공리화된 집합론'이 그것이다. 직관이 아니라 일련의 공리 체계로서 재조직된 집합론에서는 러셀의 역리에서 볼 수 있었던 집합은 아예 구성 자체가 불가능하다. 바꿔 말해 러셀의 역리는 현대수학에서는 해소가 해결된 것이 아니라 금지되었다고 보는 것이 더 정확하다.

러셀의 역리를 완전히 해결하겠다는 시도가 없었던 것은 아니다. 이런 점에서 프레게의 예언처럼 러셀의 역리는 논리학뿐 아니라 철학 전체를 크게 발전시켰다. 바로 비트겐슈타인의 《논리철학논고》는 그 출발이 러셀의 역리를 해결하거나 해소할 수 있다는 생각에서 출발한 것이었고, 20세기 전반에 서양철학의 가장 큰 업적 중의 하나라고 평가받는다. 그러나 비트겐슈타인의 해결 방법은 러셀의 유형론과는 전혀 다른 종류의 것이다.

다양한 분야에서 활동한 러셀
대중의 편견에 흔들리지 않고 진실을 지키다

논리학이나 수리철학, 분석철학 이외의 분야에서도 러셀은 대단히 정력적인 활동을 했다. 97세에 이르기까지 많은 책을 집필했을뿐더러 할머니로부터 배운 것처럼, 사회의 부정의에 대해 항상 지치지 않고 저항했다. 러셀은 아무리 많은 사람들이 옳다고 하거나 아무리 큰 권력의 행위라 해도 정당화 될 수 없는 행위에 대해 논리적으로 비판하고 그의 비판을 실천적 행동으로 옮겨야 한다는 직선적 순진함을 늘 견지했다. 바로 이러한 지적 정직성을 갖고 러셀은 핵무기와 베트남 전쟁을 비판했다. 다른 한편 대중의 편견에 흔들리지 않고 진실을 지켜야 한다는 러셀의 태도는 이미 소크라테스와 공자도 누누이 강조했다.

1945년에 러셀은 일련의 강의를 바탕으로 쓴 《서양철학사》를 출간했는데 이 책은 러셀에게 경제적 도움을 줄 만큼 베스트셀러가 되었다. 이 책의 특징 중의 하나는 저자의 주관이 매우 뚜렷한 철학사로 러셀의 지적 체취를 느낄 수 있다는 점이다. 러셀은 1950년 노벨문학상을 수상했고, 1960년대에는 서양의 신좌파(New Left) 운동의 우상이 되었다. 1970년 1월 말 이스라엘이 3년 전 전쟁에서 점령한 지역에서 철수할 것을 주장하는 성명서를 발표하고 며칠 후 숨을 거두었다.

Einstein

" 알베르트
아인슈타인 "

기존의 시간과 공간에 ⋯⋯⋯⋯⋯⋯⋯⋯ 박 일 호
대한 다른 생각

철수는 지금 소형 우주선 안에 있다. 저기 멀리에서 영희가 운전하고 있는 또 다른 우주선이 일

정한 속도로 다가온다. 철수는 자신은 정지해 있으며, 영희가 자신 쪽으로 일정한 속도로 운동한

다고 생각한다. 하지만 영희는 다르다. 철수와 반대로 영희는 정지한 것은 자신이며, 철수가 자

신 쪽으로 일정한 속도로 운동한다고 생각한다. 실제로 일어나는 일은 변함이 없다. 하지만 누가

보는가에 따라 철수와 영희가 하는 운동은 달라진다. 즉, 누가 관찰하느냐에 따라 관찰되는 대상

의 속성이 달라진다. 그런 속성으로 대표적인 것이 속도다. 영희가 관찰하느냐, 철수가 관찰하느

나에 따라 영희의 속도와 철수의 속도는 달라진다. 이런 것을 상대성이라고 한다. 이렇게 속도가 관찰자에 따라 다르다는 것을 생각해낸 사람은 갈릴레오다. 그리고 뉴턴의 역학은 이 갈릴레오의 상대성을 받아들이고 있다.

모든 것이 상대적인 것은 아니다. 영희와 철수가 뛰어난 물리학자라고 생각해보자. 그들은 이러 저러하게 계산해 자신과 상대방의 속도를 서로 다르게 말할 것이다. 하지만 그들이 계산하고자 사용하는 물리 법칙은 동일하다. 물리 법칙은 누가 관찰하는가와 무관하게 항상 성립한다. 철수와 영희의 속도는 상대적이지만, 그것을 지배하는 물리 법칙은 상대적이지 않다. 다른 말로 물체의 속성은 상대적이지만 물체를 지배하는 법칙은 절대적이다.

고전역학의 위기 아인슈타인의 등장

지금까지 설명한 것은 소위 고전역학이라고 부르는 뉴턴 역학의 상대성이다. 그러나 19세기 말이 되면 이런 고전역학은 위기에 봉착한다. 전자기학이 발전하면서 고전역학으로는 설명되지 않는 현상이 발견된다. 앞에서 말했듯이 속도라는 물체의 속성은 상대적이다. 하지만 전자기학에서 다루는 대상 중에는 속도가 상대적이지 않은 것들이 발견되었다. 빛이 그러했다. 앨버트 마이컬슨(Albert Abraham Michelson)과 에드워드 몰리(Edward Williams Morley)는 빛의 속도가 상대적이라는 가정 아래 에테르(전자기장에서 물리적 작용을 한 곳에서 다른 곳으로 옮겨주는 가상의 물질)의 움직임과 관련된 지구 공전 속도를 측정하려고 했다. 즉, 지구의 운동에 상대적으로 달라지는 빛 속도의 차이를 측정해 지구의 공전 속도를 계산하려고 했다. 하지만 그들은 빛 속도의 차이를 계산하기 어려웠다. 지구가 어떤 운동을 하더라도 지구에서 관찰되는 빛의 속도가 일정했기 때문이다. 이것은 분명히 속도는 상대적이라는 뉴턴 역학과 충돌한다. 이제 고전역학과 고전전자기학 사이에 모순이 발생한다. 이 모순을 어쩔 것인가? 이때 등장하는 인물이 바로 알베르트 아인슈타인(Albert Einstein, 1879~1955)이다.

그 어떤 과학자보다 아인슈타인은 대중적이다. 엉클어진 머리에 장난스러운 얼굴을 한 그의 사진은 과학에 관심이 없는 사람이라도 많이 보았을 것이다. 아인슈타인은 대학 시절 한 교수로부터 '게으른 개'라는 평가를 받을 정도였다. 하지만 그의 게으름에는 이유가 있었다. 당시 활발히 논의되던 전자기학에 대한 강의를 아인슈타인이 다녔던 대학의 물리학과에서는 들을 수 없었다고 한다. 그는 혼자 공부할 수밖에 없었고, 따라서 학과 공부는 그의 관심 밖의 일이었을 것이다. 학교를 졸업한 이후 아인슈타인은 스위스 특허국 3급 기술시험사가 된다. 그리고 그는 이 신분으로 위대한 논문을 쏟아낸다.

물리학에서는 1905년을 '경이의 해'라고 한다. 아인슈타인이 그해에 발표한 논문은 무려 25편이다. 그중 세 편은 물리학의 획기적인 전환점이 된다. 그중 첫 번째 논문은 광전효과에 대한 것이며, 두 번째 논문은 브라운 운동에 대한 것이다. 그리고 세 번째 논문인 〈움직이는 물체의 전기 동력학에 관해)가 바로 특수상대성이론에 대한 것이다. 16년이 지난 1921년, 아인슈타인은 이론물리학에 대한 기여, 특히 광전효과에 대한 법칙을 발견한 공로로 노벨상을 수상한다. 세 번째 논문에 대해 찰스 스노(Charles Percy Snow)는 다음과 같이 말한다.

●

누구의 도움을 받지도 않고, 다른 사람의 의견을
듣지도 않은 채로 완전히 자신의 생각에서 그런 결론을 얻은 것처럼 보인다.
실제로 그의 성과는 분명히 그렇게 얻어졌다.

아인슈타인의 새로운 물리학
시간과 공간의 절대성을 무너뜨리다

앞에서 19세기 말 고전역학은 고전전자기학과 충돌한다고 했었다. 이런 충돌은 고전역학이 아인슈타인의 새로운 물리학으로 대체되면서 해결된다. 갈릴레오의 상대성과 마찬가지로 아인슈타인 역시 물리 법칙은 절대적이라는 것을 인정한다. 그리고 속도 역시 관찰자에 따라 상대적이라는 것도 인정한다. 하지만 여기에는 한 가지 예외가 있다. 그것은 바로 빛이다. 다른 속도는 관찰자에 따라서 상대적이지만, 빛의 속도만은 예외이다. 아인슈타인은 과감하게도 우리가 어떻게 운동을 하든 어디에서 관찰을 하든 빛 속도는 항상 일정하다고 주장한다. 특별한 물질, 즉 빛의 속도는 절대적인 물리 법칙의 지위를 얻었다. 이런 주장에서 상식적으로 납득하기 어려운 몇 가지가 따라 나온다. 대표적인 것이 바로 시간과 공간의 통일, 길이 수축, 시간 지연, 동시성의 상대성이다. 각각이 무엇인지를 길게 설명하는 것은 이 글의 목적을 벗어난다. 그저 간단히 다음과 같이 정리하자.

시간과 공간의 통일이라는 것은 아인슈타인의 상대성 이론에서 시간과 공간은 긴밀하게 관련돼 있다는 것이다. 이제 이 둘은 서로 분리되지 않고 하나로 묶여 시공간(space-time)으로 간주된다. 이것을 처음으로 정식화한 사람은 헤르만 민코프스키(Hermann Minkowski)인데 그가 바로 아인슈타인을 게으른 개라고 불렀던 교수다. 한편 길이 수축이라는 것은 철수가 움직이는 영희를 볼 때, 그녀 공간이 수축된 것처럼 보인다는 것이다. 마찬가지로 시간 지연이라는 것은 철수가 움직이는 영희를 볼 때, 그녀의 시간이 더 느리게 흐르는 것처럼 보인다는 것이다. 물론 이것은 영희의 입장에서도 마찬가지다. 영희가 보기에 철수의 공간은 수축된 것으로, 그의 시간은 느리게 흐르는 것으로 보인다.

마지막으로 동시성의 상대성이라는 것은 철수가 보기에 동시에 일어난 일이 영희가 보기에는 시간 간격을 두고 일어난 일인 것처럼 보인다는 것이다.

이 글 목적에 맞춰 중요한 것은, 누가 관찰하느냐에 따라서 시간과 공간이 달라진다는 것이다. 이제 시간과 공간은 상대적인 것이 된다. 아이작 뉴턴(Isaac Newton)에게 시간과 공간은 서로 분리되어 있고 절대적이다. 흔히 뉴턴 역학의 공간을 무한한 크기를 가진 컨테이너 박스에 비유한다. 그것은 물체가 존재하기 이전에 이미 존재하고 있었다. 그것은 물체가 어떻게 운동한다고 바뀌는 것은 아니다. 즉, 그것은 절대적인 것이다. 한편 뉴턴 역학을 그 기반으로 하는 칸트 철학에서도 시간과 공간은 절대적이고, 우리가 인식하는 데 필요한 정해진 틀이다. 하지만 아인슈타인은 이런 시간과 공간의 절대성을 무너뜨린다. 내가 어떻게 운동하느냐에 따라서 공간은 수축되고 시간은 늘어난다. 이렇게 상대적인 시공간은 우리의 올바른 인식이

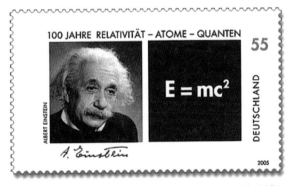

상대성이론 발견 100주년 기념우표

가능하도록 고정된 틀의 역할도 할 수 없게 된다. 따라서 기존 칸트 철학도 위기에 봉착한다.

아인슈타인의 우주는
트램펄린 위에 무거운 별들이 있는 것과 같다

이런 아인슈타인의 변혁은 그의 '일반상대성이론'에서 더욱 두드러진다. 특수상대성이론은 등속도 운동을 하는 물체만을 다룬 것이다. 하지만 1916년에 발표된 일반상대성이론은 특수상대성이론을 가속도 운동까지 확장했다. 과학자들은 이론이 만들어지면 그것을 실험이나 관측으로 검증하려고 한다. 일반상대성이론도 마찬가지다. 일반상대성이론으로부터 빛이 태양 주위에서 휠 것이라는 예측이 도출되었다. 1919년, 드디어 일식 기간에 빛이 휜다는 아인슈타인의 예측이 확증된다. 이 사건으로 아인슈타인은 과학계는 물론이고 대중적으로 슈퍼스타가 된다.

일반상대성이론에 대해 아주 간단히 살펴보자. 이 이론을 통해 아인슈타인은 뉴턴 역학의 보편 중력, 즉 만유인력이라는 개념을 제거한다. 중력은 물질의 분포가 만들어낸 효과일 뿐이다. 비유하자면, 아인슈타인의 우주는 넓은 트램펄린 위에 무거운 별들이 있는

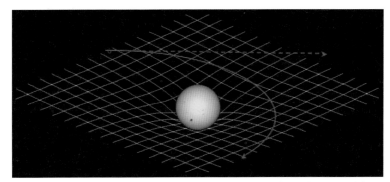

것과 같다. 넓은 트램펄린 위에 무거운 볼링공이 놓였다고 가정해보자. 그리고 트램펄린에 조그만 구슬을 올려놓아보자. 그러면 어떻게 되는가? 당연히 무거운 볼링공 때문에 트램펄린은 휘어지고, 그 휘어진 표면을 따라 구슬이 흘러 들어간다.

아인슈타인의 우주 역시 비슷하다. 커다란 별 주변에는 시공간이 굴절된다. 그리고 그 굴절된 시공간을 따라 물체가 움직인다. 미국의 물리학자 존 휠러(John Archibald Wheeler)의 표현에 따르면 "물질은 공간이 어떻게 휘었는지 말해주고, 공간은 물질이 어떻게 운동하는지 말해준다." 이제 중력은 우주에 존재하는 미스터리한 힘이 아니라 휘어진 시공간에서 비롯된 효과일 뿐이다. 더불어 뉴턴식의 절대적인 시간과 공간은 이제 완전히 사라지게 된다.

이렇게 상대론적인 시공간 이론을 제시하면서 아인슈타인이 구현하고자 했던 철학 원리는 에른스트 마흐(Ernst Mach)의 것이었다. 마흐는 과학이란 단지 관찰할 수 있는 현상만을 다루어야 하며, 물리 세계에 대한 설명은 가능한 경제적이어야 한다고 생각했다. 따라서 그는 뉴턴의 보이지 않는 절대적인 시간과 공간은 물체의 운동을 설명하는 데 불필요하다고 생각했다. 아인슈타인은 이런 주장을 '마흐의 원칙'이라고 불렀으며, 자신의 이론은 철저히 그 원칙을 따랐고 생각했다.

모든 물리학자가 아인슈타인의 새로운 물리학을 적극적으로 수용하지는 않았다. 대표적으로 독일의 물리학자 막스 아브라함(Max Abraham)은 죽을 때까지 에테르의 존재를 믿었으며, 아인슈타인의 상대성이론은 제대로 된 이론이 아니라고 생각했다. 혁명의 시기에는 언제나 그 새로운 변화를 거부하는 사람이 있기 마련이다. 이런 점은 아인슈타인도 마찬가지였다. 그 자신이 초기 양자역학 발전에 큰 공헌을 했음에도, 또 뛰어난 통계물리학자였음에도 그는 양자역학을 받아들이지 않았다. 아인슈타인은 양자역학에 대한 자신의 입장을 막스 보른(Max Born)에게 보낸 편지에서 다음과 같이 설명한다. "양자역학은 확실히 인상적입니다. 그러나 내 내면의 목소리는 그것은 실재가 아니라고 말하고 있습니다. (중략) 어쨌든 나는 신은 주사위 놀음을 하지 않는다고 확신합니다." 아인슈타인이 거부했던 것은 양자역학의 확률적인 특징이다.

양자역학은 그 근본적인 수준에서 확률적인 이론이다. 양자역학은 전자가 어디에 있는지 말해주지 않는다. 그것은 단지 우리가 측정할 때 전자가 어디에 있을 확률이 얼마인지 말해줄 뿐이다. 아인슈타인은 이런 양자역학의 특징을 거북스럽게 생각했다. 양자역학은 실재세계에 대해 아무것도 말해주지 못한다는 것이 그가 양자역학을 받아들이지 않는 이유였다. 다소 철학적으로 말해, 아인슈타인의 실재론적 세계관, 또는 그의 결정론적 세계관 때문에 그는 양자역학을 거부했다.

아인슈타인의 말년 정치적 활동

지금까지 아인슈타인의 과학적 성과에 따라 그것이 어떻게 기존 시간과 공간에 대한 우리의 직관을 바꾸어 놓았는지와 그 속에 있는 몇 가지 철학적 입장을 살펴보았다. 사실 아인슈타인의 철학은 다소 불분명하다. 앞에서 언급한, 아인슈타인과 마흐의 철학 사이의 관계도 학자들 사이의 의견이 분분하며, 또한 과연 아인슈타인이 결정론적 세계관을 받아들였는지, 아니면 그는 실재론자였는지 역시 단언하기 어렵다.

마지막으로 아인슈타인의 물리학과 철학 외적인 면을 하나 언급하면서 글을 마무리하자. 1932년 아인슈타인은 미국으로 옮겨간다.

그 후 제2차 세계대전이 발발한 뒤, 아인슈타인과 그의 동료들은 당시 미국 대통령이었던 프랭클린 루즈벨트에게 핵무기를 개발하도록 부추기는 편지를 보냈다. 아인슈타인의 편지를 받고 루즈벨트는 그 유명한 '맨해튼 프로젝트'를 시작한다. 하지만 아인슈타인은 후일 "내 인생에서 한 가지 큰 실수를 저질렀다."라고 핵무기 개발을 부추긴 것을 후회한다. 말년에 아인슈타인은 다양한 정치 활동을 한다. 아인슈타인은 인종차별에 반대했으며, 당시 미국을 휩쓸었던 매카시즘에도 저항했다. 자유와 평화를 원했던 위대한 정신 아인슈타인은 1955년에 세상을 떠났다.

아인슈타인이 남긴 마지막 글의 제목은 다음과 같다. "어느 곳이나 넘쳐나는 정치적 격정, 희생자를 요구한다."

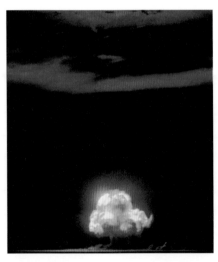

맨해튼 프로젝트의 결과물, 원자폭탄의 폭발 모습

2부 | 현대의 철학자

Brouwer

"라위천 브라우어"

수학과 논리학의 이단자 ··· 홍 성 기

과학과 논리적 사고의 분야에서 뛰어난 업적을 남긴 사람들 중에는 삶과 세계에 대해 신비주의 또는 염세주의적 태도를 취한 사람이 적지 않다. 뉴턴은 고전역학의 슈퍼스타이지만 그의 주된 관심은 성경 연구였으며 강한 신비주의 경향을 지녔다. 또 우리가 이번에 살펴볼 라위천 브라우어(Luitzen Egbertus Jan Brouwer, 1881~1966)의 세계관은 쇼펜하우어의 염세주의 영향을 강하게 받았지만, 그는 아리스토텔레스 이후 논리적 원칙으로 받아들여진 배중률(排中律, the Principle of Excluded Middle)의 정당성을 비판하고, 논리학과 수학 분야에서 획기적인 업적을 남겼다.

수학 철학에 대한 관심
오래된 전통에 반기를 들다

친구들로부터는 '베르투스(Bertus)'라는 애칭으로 불리던 라위천 브라우어는 1881년 2월 네덜란드 로테르담 근처의 한 마을에서 태어났다. 그의 소년 시절 학업성적은 매우 뛰어나 고등학교를 14살에 마칠 수 있었지만, 대학 입학에 요구되는 그리스어 또는 라틴어를 공부하느라 2년 후에야 암스테르담 대학 수학과에 입학했다. 이미 대학생 시절에 두 점의 연결 관계를 기술하는 위상수학(topology) 분야에서 매우 중요한 정리를 증명해 그의 지도교수는 브라우어에게 논문 출판을 권유했다.

다른 한편 브라우어는 일찍부터 '수학의 기초에 대한 성찰', 즉 수리철학에 관심을 가졌고, 이는 철학 일반으로 확대되었다. 여기에서 그의 현실 세계와 심지어 여성에 대한 혐오 및 염세주의에 대한 경향이 발전되어 1905년에 그는 《삶, 예술 그리고 신비주의(Leven, Kunst, en Mystiek)》라는 짧은 소책자를 발간했다.

이미 1907년 박사 학위 논문인 〈수학의 기초에 대해〉 초고 2장에는 염세주의, 신비주의에 대한 브라우어의 생각들이 여기저기 흩어져 있었다. 그러나 그의 지도교수는 제자가 오로지 명징한 수학적인 내용만을 다루기를 원했고, 브라우어는 이 부분을 최종 논문에서 삭제해야 했다. 그러나 1908년 발표한 역사적 논문 〈신뢰할 수 없는 논리적 원칙〉에서 고전논리학의 원칙 중의 하나로 2000년이 훨씬 넘게 자리를 지켜온 배중률을 강하게 비판하기 시작했다. 그렇다면 무엇이 브라우어를 이 오래된 전통에 반기를 들게 했을까?

브라우어에 따르면, 수학이란 칸트가 주장한 '시간에 대한 직관'의 산물이며, 순수하게 인간 정신의 사고능력의 산물이다. 바꿔 말해, 인간의 정신 밖에 수학적 진리가 있는 것이 아니며, 이른바 수학적 존재, 예를 들어 수(number)와 같은 것이 플라톤주의자의 주장처럼 이데아의 세계에 존재하는 것이 아니라는 것이다. 브라우어의 지도교수가 수학과는 아무런 상관도 없는 철학적 백일몽이라고 거부했던 학위 논문의 초고 내용이 실은 브라우어가 창시한 논리학과 수학에서 직관주의라고 부르는 혁명적 흐름의 시원(始原)이었다. 그리고 이러한 직관주의는 브라우어가 즐겨 인용한 인도의 고전 《바가바드 기타》의 다음의 구절을 연상시킨다.

●

오로지 자신의 내부에
즐거움과 열락과 만족이 있는 사람에게
반드시 해야만 할 일이란 없다.

한두교의 경전이자 시편인 《바가바드 기타》

수(數)가 인간의 외부에 실제로 존재한다고 보는 플라톤주의 또는 수학적 실재론과 브라우어처럼 인간의 직관에 수가 존재한다고 보는 입장의 차이는 우리가 일상적으로 사용하는 수학에 어떤 결과를 가져올까?

우선 인간 정신의 외부에 수가 있다면 우리가 어떤 수학적 주장에 대해 참과 거짓을 모르더라도 그것은 우리의 인식 능력의 부족일 뿐이다. 그것은 '각자의 의견은 있어도 각자의 사실은 없다'는 과학 세계의 격언처럼, 언덕 너머에 파랑새가 있는지 없는지에 대해서는 우리가 지금 전혀 결정할 수 없더라도 답은 원래 하나라고 보는 것과 다르지 않다. 따라서 '어떤 주장이 참이든가 아니면 그 주장의 부정문이 참이다'라는 배중률은 플라톤주의처럼 수학적 실재론의 입장에서는 아무런 문제없이 사용할 수 있는 논리적 원칙이며, 바로 배중률을 무제한 인정하는 논리학을 우리는 '고전논리학(classical logic)'이라고 부른다.

브라우어처럼 수라는 존재가 인간의 정신 외부가 아니라 직관에 있다고 볼 때는 수학적 주장의 참과 거짓은 오로지 인간 정신이 그 진위 판단을 경험할 수 있을 때에나 도입 가능하다. 그렇다면 '인간 정신이 진위 판단을 경험할 수 있다'는 것은 무엇을 의미할까? 다음 문장의 참, 거짓을 생각해보자.

●

롯데마트의 '통큰치킨'은 5,000원이다.

    지금은 판매가 중단되었지만 우리가 이 문장의 참 또는 거짓을 확인하려면 어느 롯데마트에 가 실제로 통큰치킨이라는 상품이 있고, 그 상품의 가격을 확인하면 된다. 그러나 다음과 같은 상황을 가정해보자. 우리는 롯데그룹이 초고층건물을 매우 좋아함을 알고 있다. 예를 들어 500층짜리 제3롯데월드가 있다고 치자. 그 건물의 맨 위층에 식품부가 있다면 매우 힘이 들겠지만, 걸어 올라가거나 아니면 재수가 좋아 승강기를 타고 올라가 통큰치킨의 가격을 확인할 수가 있다. 이제 초고층그룹 롯데는 5,000층짜리 나아가 50,000층짜리 제n 롯데월드를 만들 수 있고, 항상 그 맨 위층에선 통큰치킨을 판다고 하자. 이 경우 500층보다는 훨씬 힘들지만 원칙적으로 확인하지 못할 이유는 없다. 이제 조금 더 비약해 롯데그룹이라는 신(神)이 초고층건물 롯데월드∞를 짓는데 그 층수는 ∞층이다. 역시 맨 위층에서 통큰치킨을 팔고 가격은 5,000원이라고 한다. 확인할 수 있을까? 인간의 육체적 능력으로도 정신적 능력으로도 결코 확인할 수가 없다. 왜냐하면 어느 누구도 원칙적으로 무한 번째 층에 도달할 수 없기 때문이다.

    즉, 수학적 진리를 인간 정신의 산물이라고 본다면, 수학적 존재라고 부르는 것은 반드시 유한의 절차를 거쳐 만들어져야만 하고, 수학적 명제의 진위 역시 유한의 절차를 거쳐 결정이 가능해야 한다. 이것이 바로 '구성주의(constructive) 원칙'이다. 무한의 존재 구성 절차나 진위 판단 절차를 요구하는 수학적 명제는 참이나 거짓을 판단할 수가 없으며, 배중률도 적용할 수가 없다. 반면에 플라톤주의자는 무한이 실제로 존재한다면 그것은 인간의 인식능력과는 독립적이므로, 그러한 수학적 명제도 참이나 거짓의 진릿값을 이미 갖고 있다고 본다. 그 예로 골트바흐의 추측(Goldbach's Conjecture)을 살펴보자.

논리학과 수학의 관계를 역전시킨 배중률 비판

골트바흐의 추측은 '4보다 큰 모든 짝수가 두 개의 소수(素數)의 합으로 표시될 수 있다'는 명제다. 문제는 지금까지 검사한 4보다 큰 모든 짝수가 골트바흐의 추측을 만족시키지만, 그렇다고 무한히 많은 모든 짝수를 다 검사할 수 없으며, 또 연역적으로 골트바흐의 추측을 증명하지도 못했다.

무한과 관련해 골트바흐의 추측과 흡사한 경우는 홀수 완전수에 대한 논의가 있다. 완전수란 '자신을 제외한 약수를 모두 더한 결과가 자기 자신과 일치하는 양의 정수'로서 고대 그리스 시대부터 알려져왔다. 그 예로는 '6=1+2+3', '28=1+2+4+7+14'를 들 수 있다. 문제는 지금까지 알려진 모든 완전수는 짝수이지만, 홀수에서 완전수가 나오지 말라는 법도 나오라는 법도 없다. 즉, '골트바흐의 추측'이나 '어떤 완전수는 홀수이다'라는 수학적 명제는 브라우어에 따르면 결코 배중률을 적용해서는 안 되는 명제, 즉 열린 문제(open problem)이지만, 플라톤주의자에게는 전혀 상관이 없는 이미 이데아의 수학 세계에서 결정이 된 명제이다.

어쩌면 이런 문제는 실제 수학자나 대학 입시를 위해 수학을 공부하는 학생에게는 할 일 없는 사람들의 공리공담으로 치부될지도 모른다. 그러나 무한의 영역에서 배중률의 인정 여부는 우리가 생각하는 것보다 훨씬 더 현실적인 문제이다. 그 이유는 배중률이 이른바 '이중부정은 긍정이다'라는 주장을 함축하고, 바로 이 '이중부정은 긍정이다'라는 주장이 성립해야 수학에서 귀류법(regress ad absurdum)을 이용한 간접증명이 허용될 수 있기 때문이다. 문제는 간접증명이 무한의 영역에서 많이 사용된다는 점이다. 한마디로 배중률 없이는 고전논리학을 사용하는 고전수학의 상당부분은 더 이상 증명되지 않은 '추측'으로만 남을 뿐이다.

브라우어의 배중률 비판은 논리학과 수학의 관계를 역전시켰다. 러셀이나 프레게처럼 수학이 논리학에 의존한다고 보는 입장과는 달리, 브라우어는 논리학이 수학에 의존해야 한다고 보았다. 이 점은 동시에 논리학의 위치에 대해서도 새로운 시각을 열었다. 논리학이 이 세계의 구조를 보여주는 학문이라면, 우리는 우리의 사고를 논리학에 맞추어야 한다. 반면 논리학이 우리의 사고 구조를 보여주는 학문이라면, 논리학이 우리의 사고에 맞추어야 한다. 바로 후자가 브라우어의 입장임은 물론이다.

'수가 인간의 직관에 주어졌다'는 직관주의

브라우어는 자신의 수학적 입장을 직관주의라고 불렀다. 유감스럽게도 "수가 인간의 직관에 주어졌다."라는 브라우어의 언명과 그의 신비주의적 경향은 직관주의에 수많은 불필요한 오해를 불러일으켰다. 그러나 그의 무한의 영역에서 배중률 비판은 이제 일체의 신비주의적 그늘 없이 엄밀히 형식화된 논리학으로 자리 잡게 되었다. 예를 들어 브라우어의 제자 아렌트 하이팅(Arend Heyting)은 직관주의 논리학을 처음으로 형식화했으며, 독일의 구성주의 철학자 파울 로렌첸(Paul Lorenzen)과 쿠노 로렌츠(Kuno Lorenz)가 대화논리학(Dialogische Logik)으로 그 철학적 기초를 확보했다. 특히 컴퓨터의 일상화는 컴퓨터의 연산 과정이 항상 유한에 그쳐야 한다는 점에서 논리적 이단자 브라우어의 철학적 성찰이 현대의 기계적 현실에서 매우 유용함을 증명했다.

　다른 한편 구성주의 원칙은 철학 일반에도 영향을 끼쳐 지금까지 막연히 존재한다고 가정했던 많은 것들, 예를 들어 시간과 공간

파울 로렌첸

에 연장되어(prolonged) 존재한다는 개체(individual)가 어떻게 순차적으로 구성될 수 있는지 등이 철학적으로 중요한 과제로 인식되게 했다. 이러한 구성주의적 철학은 놀랍게도 동양철학의 일반적 성향과 연결되기 시작했다.

　예를 들어 모든 개체 중에서 우리가 가장 중요하게 여기는 개체는 바로 우리 자신, 즉 '나'라는 존재이며, 이 '나'라는 존재가 없다는 주장은 도가(道家)나 불가(佛家)에서 늘 해왔다. 즉, 지금까지 일종의 직관 내지는 신비주의적으로 해석되던 동양사상이 구성주의 철학과 만나면서 '철학의 윤리'라고 부르는 '정당성의 요구'를 극한까지 밀고 간 사상일 수도 있음이 점차 드러나고 있다. 그리고 이러한 과정을 통해 우리가 철학적 섬으로 간주했던 동서의 주요 철학자

의 주장이 실은 하나의 공통된 주제의 변주곡일 가능성도 아울러 감지된다. 그것은 《철학의 숲, 길을 묻다》에서는 파르메니데스의 일자(一者)에서 시작해 라이프니츠의 무한소, 흄의 인과관계 비판을 거쳐, 이 책에서 퍼스의 기호학과 러셀의 역리, 마지막으로 브라우어의 배중률 비판으로 이어져왔다. 아직 그 윤곽이 분명히 드러나지는 않았지만.

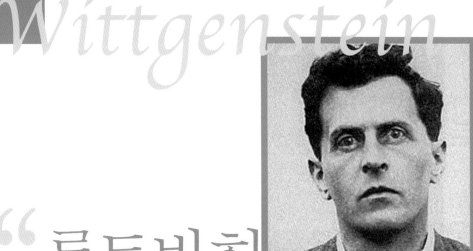

Wittgenstein

" 루트비히 비트겐슈타인 "

20세기 철학계의 슈퍼스타 ······················· 송 하 석

21세기를 목전에 둔 1999년, 시사 주간지 《타임》은 20세기에 가장 영향력 있는 인물 백 명을 선정했다. 그중에 순수하게 철학자라고 할 수 있는 사람이 한 사람 포함되었는데, 그가 바로 루트비히 비트겐슈타인(Ludwig Wittgenstein, 1889~1951)이다. 이견이 아주 없는 것은 아니겠지만, 대부분의 철학자들은 20세기에 가장 큰 영향을 미친 철학자로 비트겐슈타인을 꼽는 데 동의한다. 사실 20세기의 철학자 중에서 자신의 사도를 거느린다고 할 수 있는 사람은 마르틴 하이데거와 비트겐슈타인 정도일 것이다. 그렇게 엄청난 영향력을 미친 철학자의 철학이라면, 그리고 사도와 같은 추종자를 가진 철학자의 철학이라면, 적어도 추종자 사이에는 그의 철학에 대한 해석에 별 이견이 없어야 할 듯하다. 그러나 사실은 정반대이다. 현대철학자 대니얼 데닛(Daniel Dennett)이 말한 것처럼 비트겐슈타인이 열렬한 신봉자를 계속 유혹하는 이유는 그들이 선택할 수 있는 비트겐슈타인이 많기 때문인지도 모른다.

비트겐슈타인의 글은 체계적이지 않고 표현도 불분명하다. 그의 철학의 이런 특징은 많은 비트겐슈타인 학자들이 주장하듯이 그의 철학을 요약하거나 그의 철학에 대한 체계적인 주석을 제공하려는 작업을 어렵게 하는 중요한 이유이다. 비트겐슈타인의 삶과 철학에 대한 대체적인 그림을 그려보자.

수리철학에 몰두한 비트겐슈타인
러셀을 만나다

    루트비히 비트겐슈타인은 1889년, 오스트리아의 부유한 철강업자의 5남 3녀의 막내로 태어났다. 집안의 고급스러운 예술적 취향은 루트비히에게도 교향악의 지휘자라는 음악가를 꿈꾸게 했다. 그러나 모차르트의 천재성에 비교되기도 했던 맏형 한스의 음악적 재질이나 제1차 세계대전 중 오른팔을 잃었지만 한 손으로 피아노를 연주했던 넷째 형 파울의 능력에 비하면, 루트비히의 음악적 재능은 크게 주목받지 못했던 것 같다. 루트비히는 결국 아버지의 권유로 기술고등학교에 진학해 공학을 공부한다. 그 후 19세에 항공공학을 공부하려고 영국 맨체스터 대학으로 유학의 길을 떠나 3년 동안 항공공학을 공부한다. 그러나 그곳에서 그는 공학 자체보다 수학적 문제에 관심을 갖기 시작한다. 특히 그 무렵 그는 러셀의 《수학의 원리》를 읽고 수리철학의 문제에 몰두한다.

이렇게 시작된 그의 철학에 대한 관심은 러셀을 만나면서 중요한 전기를 맞는다. 1911년, 청년 비트겐슈타인이 러셀 앞에 등장한 것은 철학사에서 가장 운명적인 만남 중 하나일 것이다. 러셀은 비트겐슈타인을 만난 것이 자신의 일생에서 가장 충격적인 정신적 체험이었다고 술회하면서, 그를 '천재의 완벽한 전형'이라고 칭했다. 케임브리지 대학에서 비트겐슈타인은 러셀 이외에도 그가 소개한 논리학자 윌리엄 존슨(William Ernest Johnson), 당시 케임브리지 대학의 대표적인 철학자였던 조지 무어(George Edward Moore)를 비롯해, 경제학자 존 메이너드 케인즈(John Maynard Keynes), 평론가 리튼 스트라치(Lytton Strachey) 등과 교류하면서 공부했다. 그러나 비트겐슈타인의 케임브리지 생활은 3년 남짓으로 끝나고 만다. 러셀을 비롯한 케임브리지의 철학자에게 더 이상 배울 것이 없다고 판단한 비트겐슈타인은 1913년 홀연히 케임브리지를 떠났다.

1914년, 제1차 세계대전이 발발하자 비트겐슈타인은 오스트리아 군에 지원한다. 그는 삶과 죽음의 경계를 넘나드는 전쟁이라는 상황에서 자신의 실존 체험을 일기 형식으로 기록했을 뿐만 아니라, 케

TRACTATUS
THEOLOGICO-
POLITICUS
Continens
Diſſertationes aliquot,

Quibus oſtenditur Libertatem Philoſophandi non tantum
ſalva Pietate, & Reipublicæ Pace poſſe concedi: ſed
eandem niſi cum Pace Reipublicæ, ipſaque
Pietate tolli non poſſe.

Auctor Benedictus de Spinoza

Johann: Epiſt: I. Cap: IV. verſ: XIII.
Per hoc cognoſcimus quod in Deo maneamus, & Deus maneat
in nobis, quod de Spiritu ſuo dedit nobis.

HAMBURGI,
Apud Henricum Künraht. cl◗ l◗ cLXX.

Tractatus
Logico-Philosophicus

By
LUDWIG WITTGENSTEIN

With an Introduction by
BERTRAND RUSSELL, F.R.S.

NEW YORK
HARCOURT, BRACE & COMPANY, INC.
LONDON : KEGAN PAUL, TRENCH, TRUBNER & CO., LTD.
1922

《논리철학논고》의 표지

임브리지 대학에서 러셀 등과 논의한 철학적 생각을 발전시켜 기록해나갔다. 비트겐슈타인은 이 전쟁에서 이탈리아 군의 포로가 되어 10개월 정도의 포로수용소에서 수감 생활을 하다가 1919년에 석방되는데, 이 기간 동안 그는 자신의 전기 철학의 결정판이라고 할 수 있는 《논리철학논고》를 완성한다. 그리고 그는 이 원고를 러셀과 프레게에게 보내고. 이로써 철학의 문제는 모두 해결되었다고 믿으면서 철학계를 떠난다.

언어와 실재 사이의 구조적 동일성
언어는 실재세계를 묘사하는 논리적 그림이다

《논리철학논고》의 핵심 사상인 그림 이론을 한마디로 설명하면, 언어는 실재의 논리적 그림이라는 것이다. 사진이 음영으로 표시되는 점과 선이 원근법에 따라 배열되어 실재세계를 표상하는 것처럼, 언어는 논리적 규칙에 따라 실재를 묘사한다는 점에서 실재에 대한 논리적 그림이다. 따라서 우리는 그림과 마찬가지로 언어와 실재 사이에 성립하는 구조적 동일성을 상정할 수 있다. 비트겐슈타인은 언어와 실재 사이에 성립하는 구조적 동일성을 논리적 형식이라고 한다. 즉, 언어가 실재세계를 묘사하는 논리적 그림일 수 있는 이유는 언어와 실재세계가 구조적으로 동일한 형식을 공유하기 때문이다.

비트겐슈타인이 상정하는 언어와 실재 사이의 구조적 동일성을 살펴보자. 세계는 사실들의 총체이고, 사실들은 사태의 존립, 즉 발생한 원자사실들의 결합이며, 사태는 대상들의 결합이다. 이와 유사하게 언어는 복합명제의 총체이고, 복합명제는 원자명제들의 논리적 결합이며, 원자명제는 이름들의 결합이다. 이렇게 대상과 이름 사이에, 사태와 원자명제 사이에 그리고 사실과 복합명제 사이에 구조적 동일성이 있고, 그 동일성으로 각 쌍의 후자는 전자를 묘사할 수 있다. 이러한 구조적 동일성으로 실재는 명제와 비교되기 때문에, 명제의 참과 거짓을 결정할 기준을 갖는다. 즉, 명제가 사실과 일치할 때 그 명제는 참이 되고, 사실과 일치하지 않을 때 거짓이 된다. 이처럼 명제는 참 또는 거짓으로 분류될 수 있고, 그럴 수 있을 때 명제는 의미를 갖는다.

엄밀하게 말해, 사태(원자사실)와 일치하는 원자명제를 참이라고 하고, 그렇지 않은 원자명제를 거짓이라고 해야 한다. 즉, 그림 관계가 적용되는 기본 단위는 원자명제와 사태로 국한된다. 왜냐하면 복합명제는 그 명제를 구성하는 원자명제들이 구성되는 방식을 세계에서 항상 직접 읽어낼 수 있는 것은 아니기 때문이다. 그렇다면 복합명제가 어떻게 그림으로 사실을 묘사할 수 있을까? 그는 이에 대해 진리함수론(truth-function theory)으로 답한다.

복합명제는 원자명제들이 논리적 연결사로 결합되어 만들어진다. 앞서 말했듯이, 원자명제는 원자사실을 묘사하고 원자사실에 대응할 때 참이 된다. 그러나 복합명제에 포함되는 '그리고', '또는'과 같은 논리적 연결사는 세계의 무엇을 묘사하는가? 비트겐슈타인은 논리적 연결사에 대응하는 논리적 대상은 없다고 말한다. 복합명제에 포함된 논리적 연결사가 어떤 대상도 묘사하지 않는다면, 복합명제가 어떻게 사실에 대한 그림일 수 있으며, 복합명제의 진위는 어떻게 결정될 수 있는가? 비트겐슈타인은 이에 대해 진리함수론으로 대답한다. 진리함수론이란 모든 복합명제의 진릿값은 그 복합명제를 구성하는 요소명제의 진릿값에 따라 결정된다는 주장이다.

이어서 비트겐슈타인은 "명제들은 논리적 형식을 재현할 수 없다. 논리적 형식은 그 자신을 명제들에서 반영한다."라는 말로, 말할 수 있는 것과 말할 수 없고 단지 보여줄 수 있는 것에 대한 논의를 시작한다. "명제를 통해 세계를 묘사할 수 있지만, 명제를 통해 명제와 사실이 공유하는 논리적 형식을 묘사할 수는 없다. 단지 명제를 통해 그러한 논리적 형식을 보여줄 뿐이다." 비트겐슈타인은 그밖에도 말해질 수 없고 보일 뿐인 영역이 있다고 말한다. 말할 수 있는 영역은 참이나 거짓을 따질 수 있는 명제들의 총체이다. '숫자 7은 초록색이다'는 명제는 거짓이라기보다는 그에 대응할 만한 사실이 없기 때문에 무의미한(nonsense) 명제이다. 그러나 무의미하다고 할 수는 없지만 지금까지 비트겐슈타인의 기준에 따르면 참이나 거짓이라고 할 수 없는 명제가 있다. 윤리학과 미학의 명제들이 그것이다. 그러한 명제들은 말해질 수 없고 단지 보일 뿐이다. 비트겐슈타인은 말해질 수 있는 것은 분명하게 말하고, 보일 뿐인 영역에 대해서는 침묵해야 한다고 결론을 내리면서, "말할 수 없는 것에 관해서는 침묵하지 않으면 안 된다."라는 문장으로 《논리철학논고》를 마무리한다.

초등학교 교사,
수도원의 정원사를 거쳐
다시 철학계로 돌아가다

철학계를 떠난 비트겐슈타인은 산간 마을로 들어가 초등학교 교사로 살아간다. 그러나 초등학교 교사로서의 열의와 소명 의식에도 그의 교육 방법은 당시 시골마을의 초등학교에는 적합지 못했던 것 같다. 비트겐슈타인의 초등학교 교사로서의 삶은 1926년, 그가 수업 중 체벌했던 학생이 쓰러지는 사건으로 막을 내린다. 다시 빈으로 돌아온 비트겐슈타인은 수도원의 정원사로, 누이의 집을 설계하는 건축가로 살면서 철학을 잊고 살아가는 듯했다. 그런데 1920년대 새로운 논리학과 과학적 세계관으로 무장한 일군의 학자들이 주축이 되어 빈 학단(Wiener Kreis, 비엔나 서클)을 결성했는데, 그들은 비트겐슈타인의 《논리철학논고》를 자신들의 성서처럼 중요하게 여기었다. 빈 학단의 좌장격인 프리드리히 슐리크(Friedrich Moritz Schlick)는 비트겐슈타인과의 만남을 추진하지만 그들의 만남은 1927년에야 성사됐고, 여기에서 비트겐슈타인은 자신의 책이 러셀은 물론이고 많은 철학자들에게 오해되고 있음을 깨닫는다. 그는 특히 프랭크 램지(Frank Plumpton Ramsey)와 대화하면서 《논리철학논고》에서 전개한 자신의 견해에 대한 확신이 흔들리자 철학계로 돌아가기로 결심한다.

프리드리히 슐리크

2부 | 현대의 철학자

비트겐슈타인이 케임브리지 대학으로 돌아가기로 결심하고 케인즈에게 연락했을 때, 케인즈는 지인들에게 "신이 돌아온다!"라고 말했다고 한다. 케임브리지의 교수 생활도 그에게는 그렇게 만족스러운 것이 아니었고 오래 계속되지도 않았다. 그럼에도 끊임없이 철학적 문제에 매달려 진지한 사색과 저술 작업을 계속했다. 특히 1930년대 중반 이후는 출간을 목적으로 원고를 썼던 것으로 전해지지만, 그가 죽을 때까지 출간되지는 못했다. 비트겐슈타인이 죽은 후 그의 후기 철학을 대표하는 저서인 《철학적 탐구》가 출간되었다.

전기와 후기의 비트겐슈타인
결정적인 차이는 무엇일까?

"내가 가르치고자 하는 것은 가리운 넌센스에서 빤한 넌센스로 옮아가는 것이다."《철학적 탐구》에 나오는 한 구절이다. 말의 위장된 모습에 현혹되어 생긴 넌센스를 언어를 분석해 밝히는 것이 자기 철학의 과제라는 것이다. 이런 점에서 후기의 철학관도 전기와 마찬가지로 언어를 비판하면 철학의 문제를 해소하는 것이라고 할 수 있다. 그의 철학의 철학관은 전기와 후기를 막론하고 변함이 없다. 비트겐슈타인의 전기 철학이든 후기 철학이든, 대부분의 철학의 문제는 언어의 오해에서 빚어진 것으로 언어분석을 명료하게 하여 해결(solve)되기보다는 해소(dissolve)될 수 있는 가짜 문제(pseudo-problem)라고 주장한다. 다시 말하면, 비트겐슈타인에 따르면 철학은 언어분석을 통한 치료로서의 철학인 셈이다. 그렇다면 전기와 후기 비트겐슈타인의 결정적인 차이는 무엇일까?

《논리철학논고》에서 언어의 본질은 실재를 묘사하는 데 있다고 주장했던 비트겐슈타인은 후기에 와서 언어의 본질이 있다는 전기의 주장을 철회한다. 그는 《철학적 탐구》에서 모든 개별적인 언어 현상에 본질이라고 할 만한 공통적인 성질은 없다고 주장한다. 예컨대 여러 가지 게임에는 제각각의 성질이 있지만, 모든 게임이 공통적으로 갖는 특징을 발견할 수 없다. 모든 게임이 승부라는 성질을 갖는 것도 아니고, 공통적인 규칙을 갖는 것도 아니다. 이처럼 언어 행위에도 본질이라고 할 만한 공통적인 특징은 없고, 단지 가족유사성(family resemblance)만 있을 뿐이다. 가족유사성이란 가족 구성원들 사이에 존재하는 유사한 성질을 일컫는다. 예를 들어서 A, B, C, D 네 명으로 구성된 가족이 있다고 하자. 그런데 A와 B는 말투와 걸음걸이가 닮았고, B와 C는 눈매와 웃는 모습이 닮았고, C와 D는 건장한 체격과 키가 닮았고, A와 C는 또 다른 면이 서로 닮았고, B와 D는 또 다른 어떤 면이 닮았을 경우, 네 명 모두 공통적으로 닮은 특징은 없지만 서로 교차해 닮은 유사성 때문에 그들을 가족으로 인식하는 데 별 어려움이 없다. 이런 유사성이 바로 가족유사성이다.

전기 철학과 달리, 비트겐슈타인은 《철학적 탐구》에서 일상 언어에 대한 기술적 분석에 관심을 기울인다. 그는 언어에 관한 일반적인 이론을 제시하기보다는 철학적으로 문제가 되는 언어가 일상적 용법에서 어떤 방식으로 사용되는가를 면밀히 검토한다. 즉 그는 철학적 언어들이 말의 고향인 일상적 문맥 속에서 어떻게 쓰이는지 검토해 전통적인 철학적 문제를 해명하고자 한다.

이를 위해서 중요하게 사용되는 개념이 바로 '언어놀이(language game)'이다. 그는 '언어와 그 언어와 뒤얽힌 활동의 전체'를 언어놀이라고 말한다. 그러나 그는 언어놀이라는 개념을 명료하게 설명하지는 않는다. 《철학적 탐구》에 나타난 언어놀이에 대한 설명을 정리하면, 단순한 형태에서 복잡한 형태에 이르는 다양한 언어, 어린이가 학습해 모국어를 배우는 과정, 인간의 의사소통 행위 전체를 포괄한다. 그러니까 언어놀이에는 언어 자체와, 언어와 관련된 행동 그리고 삶의 조건과 상황도 포함된다. 비트겐슈타인이 언어놀이를 어떤 의미로 사용하든지 그는 언어를 규칙과 관련된 활동으로 규정한다. 언어를 활동으로 보는 시각은 단어의 의미가 고정된 것이 아니라는 점과 관련된다. 단어의 의미는 그 단어에 대응하는 대상과 맺은 관계에서 생기는 것이 아니다. 그는 단어의 의미가 언어에서 단어를 사용하는 것 자체라고 말한다. 이때 단어의 사용이라는 것은 곧 그 단어가 쓰이는 언어놀이의 맥락을 의미하는 것이다. 하나의 단어는 그것이 언어놀이의 일부로 사용되어 비로소 의미를 얻게 된다.

언어를 인간의 활동 또는 행위로 보는 시각은 언어란 기호의 체계로 사용자인 인간의 조건과 상관없이 독자적으로 그 성격이 규정되는 것이 아니라, 그 사용자인 인간의 조건에 따라 규정된다는 것이다. 비트겐슈타인은 언어를 규정하는 인간의 삶의 조건을 삶의 형식(form of life)이라고 한다. 즉 언어는 인간의 삶의 형식이라는 구체적인 현장에서 진짜 모습이 드러난다. 그런데 그런 현장을 검증해보면, 언어의 의미는 고정적인 것이 아니라 문맥에 따라 다양한 형식으로 나타난다. 전통적으로 많은 철학적인 문제는 그러한 언어의 사용에 주목하지 못해 생기는 것이다. 그러므로 철학적 문제에 대한 올바른 접근은 일상 언어가 우리의 삶 속에서 드러나는 다양한 용법을 받아들이는 것에서 시작된다. 우리가 사용하는 언어의 명료화하고자 다양한 언어놀이에 참여하면서 단어와 문장의 의미가 어떻게 생겨나고 사용되는가라는 문제에 직접 부딪혀봐야 한다. 그리고 그런 활동이야말로 철학의 임무라는 것이 비트겐슈타인의 주장이다.

Heidegger

" 마르틴 하이데거 "

존재의 이유를 다시 묻다 ⸻⸻ 정 재 영

자네는 그들이 주장하는 것이 무엇인지 이해할 수 있는가? 내가 젊었을 때,

나는 '있지 않은 것'을 아주 정확하게 이해하고 있다고 생각했다네.

그러나 지금 우리는 이 문제에 대해 아주 당혹스러워하고 있지 않은가.

– 플라톤, 《소피스테스》

'있다'는 뜻을 모르는 사람이 있을까? 누구나 있는 것과 있지 않은 것의 차이를 안다. '존재한다'는 좀 딱딱한 말로 바꾸어도 마찬가지다. 아기도 존재하는 것과 존재하지 않는 것을 구분한다. 그래서 엄마가 있으면 웃고, 엄마가 없으면 운다. 일상생활에서 자연스럽게 사용하는 '존재한다'는 뜻이 문제가 될 수 있다는 점을 최초로 간파한 이들은 고대 그리스 철학자들이었다. 플라톤은 그가 쓴 대화편 《소피스테스》에서 '존재' 문제가 깊은 층위를 지닌다는 점을 섬세하게 벗겨낸다. 도대체 아기도 구분하는 이 문제에서 무엇이 당혹스럽다는 것인가? 문제를 파악하고자 고대 그리스로 철학 여행을 떠나려는 짐을 싸야 하는가? 그럴 필요는 없을 것 같다. 이 문제를 현대철학의 중심 과제로 삼은 철학자가 있기 때문이다.

마르틴 하이데거(Martin Heidegger, 1889~1976)는 2500년 전에 플라톤이 물었던 존재의 의미를 다시 묻는다. 그가 쓴 대표작 《존재와 시간》은 앞에서 언급한 플라톤의 구절을 인용하는 데서 시작한다.

존재를 둘러싼 거인족의 싸움을
과학의 시대에 다시 제기하다

하이데거는 우리에게 묻는다. "오늘날 우리는 '존재한다'는 말이 본래 무엇을 의미하는지에 대한 물음에 대답할 수 있는가?" 그는 답한다. "결코 그렇지 못하다." 그는 다시 묻는다. "그렇다면 우리는 존재라는 표현을 이해하지 못해 당혹스러움에 빠져봤는가? 그는 다시 답한다. "결코 그렇지 않다." 그래서 그는 존재의 의미에 대해 물음을 제기하는 것이 왜 필요한가를 설명한다.

하이데거의 질문에서 보이듯 그가 쓴 책을 읽기는 쉽지 않다. 그 어려움은 일차적으로 그가 쓰는 생경한 용어에서 온다. 하이데거는 끊임없이 말을 비틀어 새로운 말을 만든다. 그렇지 않아도 어려운 철학 용어가 은어로 다가온다. 번역어로 접하는 우리에게는 더 말할 나위 없다.

그는 왜 이렇게 말을 비비 꼬았을까? 대체로 언어를 변형하는 것은 시인의 몫이지 철학자의 몫은 아니다. 때로 시인은 자신이 원하는 말을 찾지 못하면 말을 비튼다. 이렇게 만들어진 시어에는 일상어와 다른 어떤 울림이 있다. 하이데거는 철학이 시와 비슷하다고 생각한다. 그에게 철학적 사유는 익숙하고 명료하며 질서를 지향하는 것이 아니다. 오히려 그 반대로 낯설고 모호하며 당혹감을 안겨준다. 그래서 하이데거는 그의 저서 《형이상학의 근본 개념들(Die Grundbegriffe der Metaphysik)》에서 철학이 명료한 체계를 우선하는 과학보다는 모호하지만 울림을 주는 예술에 좀 더 가깝다고 말한다. 그는 시

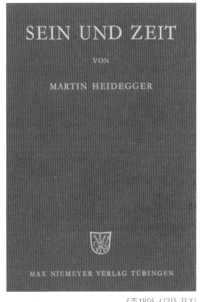

《존재와 시간》 표지

작(詩作)을 '철학의 누이'라고도 부르기도 한다. 또한 그는 독일의 낭만파 시인 노발리스(Novalis)의 시구를 빌어 "철학은 향수이며, 어디에서나 고향을 만들고자 하는 하나의 충동"이라고 이야기한다.

하이데거는 철학이 근원적 사유라는 점을 여러 방식으로 강조한다. 데카르트 이후의 철학은 이 점을 망각하고 잘못된 길로 접어들었다고 진단한다. 우리는 철학에 '관해' 이야기했을 뿐, '철학에서부터' 이야기하지 않았다고 지적하기도 한다. 세계는 단지 과학적탐구의 대상이 아니다. 과학적 탐구만으로 세계는 온전하게 자신의모습을 드러내지 않는다. 고대 그리스의 철학자 헤라클레이토스가간파한 것처럼 세계는 숨기를 좋아한다. 더욱이 과학적 탐구 방식으로는 결코 해명되지 않는 존재 양식을 가진 존재도 있다. 바로 인간이다.

노말리스

플라톤은 세계를 온전하게 파악하는 방식을 둘러싼 고대 그리스 철학자의 격돌을 '존재를 둘러싼 거인족의 싸움(gigantomachia peri tes ousias)'이라고 불렀다. 그 싸움은 우리가 《철학의 숲, 길을 묻다》 플라톤 편에서 살펴

2부 | 현대의 철학자

본 바와 같이 끊임없이 변화하고 생성하는 존재와 변화와 생성을 뛰어넘는 존재의 문제를 둘러싼 충돌이며, 또한 우리가 그러한 존재를 어떻게 인식할 것인가 하는 인식의 문제와 관련된 격돌이기도 했다.

　하이데거는 철학적 사유의 근원을 존재에 대한 물음으로 바라본다. 그래서 그는 철학으로부터 시작하는 물음은 항상 형이상학적 물음이라고 강조한다. 하이데거에게 형이상학적 물음은 가장 궁극적이고 포괄적이다. 철학은 오로지 철학함으로써만 존재하며, 그 점에서 철학은 결코 형이상학적 물음과 대면을 피할 수 없다.

사태를 있는 그대로 드러내는
　　현상학적 방식으로 제기된 존재 물음

　세계를 온전하게 드러내고자 하이데거는 현상학을 동원한다. 현상학은 하이데거에게 프라이부르크 대학 철학과 정교수 자리를 물려준 하이데거의 스승 에드문트 후설(Edmund Husserl)이 개척한 방법이다. 하이데거는 현상을 "자기 자신에 즉해서 자기 자신을 현시하는 것"이라고 말하고, 현상학을 "자기 자신을 현시하는 그것을, 그것이 자기 자신의 편에서 자기 자신을 현시하는 그대로 그것의 편에서부터 보이게 한다는 것을 말한다."라고 정의한다. 도대체 무슨 뜻인가? 한 편의 시를 통해서 풀어보자.

●

지루한 장마 끝/된장 속에 들끓는 구더기 떼를 어쩌지 못해/
전전긍긍하던 아내는/강 건너 사는 노파에게 들었다며/담장에 올린/
푸른 강낭콩 잎을 따다/장독 속에 가지런히 깔아 덮었다

고진하. 〈푸른 콩잎〉

이 시가 전하는 사연은 간단하다. 된장 독에 들끓는 구더기 때문에 고민하는 시인의 아내가 콩 잎으로 문제를 해결한다. 여기에 등장하는 장독, 된장, 강낭콩 잎, 구더기 등은 우리가 경험적으로 잘 아는 사물이다. 물리학적 시각에서 볼 때 이러한 사물은 분자와 원자로 구성된다. 생물학의 눈으로 볼 때, 강낭콩 잎과 구더기는 DNA로 구성되어 있다. 그러나 시인의 경험에서 원자나 DNA는 자신을 현시하지 않았다. 아마도 물리학자는 시인의 경험이 물체의 표면에서 반사되어 튀어나온 빛의 파동에 불과하다고 시인을 설득할지도 모른다. 이때 물리학자의 논증은 현상학적이지 않다. 물리학자는 시인이 현실에서 직접 겪은 경험을 고려하지 않고 그 경험을 물리학 용어로 재구성했기 때문이다. 시인의 경험은 물리학자의 물질 작용의 인과적 설명으로 모두 환원되지 않는다. 하이데거가 세계를 단순한

물리적 대상의 총합으로 환원하는 데 반대하는 이유다.

하이데거는 세계를 여러 가지 의미로 사용한다. 첫째, 존재자 총체로서의 세계다. 둘째는 특정한 존재자의 영역을 의미하는 세계다. 예를 들어 물질의 세계, 생물의 세계, 수학의 세계 등과 같이 영역이 구별되는 세계다. 셋째는 인간이라는 존재자에게 적용되는 세계로 하이데거가 가장 큰 관심을 기울였고, 또 하이데거 철학의 가장 큰 특징으로 거론되는 대목이기도 하다. 이 세계는 한마디로 말하면 인간의 삶이 이루어지는 장으로서의 세계를 가리킨다. 이 세계의 중요성을 강조하려 좀 과감하게 말하면, 인간이 없으면 세계도 없다고 이야기할 수 있다. 이것은 인간이 지구에서 어느 날 사라지면 지구도 함께 사라진다는 그런 허무맹랑한 이야기가 아니다. 더 말할 필요도 없이 인간이 없어도 지구는 그대로 존재한다. 이 말의 의미를 분명히 하고자 다시 앞의 시를 살펴보자.

우리가 먹는 된장에 구더기가 끓는다. 시인의 아내는 된장을 살리고자 콩 잎을 덮

에드문트 후설

었다. 이것은 된장을 물리적으로 분석하거나, 또는 된장을 화학적으로 분석해 이해할 수 있는 성격이 아니다. 우리가 살고 있는 구체적 삶의 세계를 고려해야 이해가 가능하다. 제아무리 훌륭하게 된장을 과학적으로 분석하더라도 시인의 아내가 왜 된장에 콩 잎을 덮었는가를 이해하는 것과는 무관하다.

이 맥락에서 세계를 이해한다는 것은 인간이 살아가는 장으로서의 세계를 이해한다는 것을 의미한다. 그래서 하이데거는 삶의 장으로서 세계를 이루는 구조적 계기와 요소가 무엇인가 하는 점에 관심을 기울인다. 하이데거는 우리에게 세계를 직접 만나볼 것을 권한다. 이것은 세계에 대한 과학적 지식을 이해하는 힘을 키우라는 뜻이 아니다. 우리 스스로 현상학적 방법으로 세계와 직접 대면하라는 뜻이다. 풀어 이야기하면, 우리가 일상적인 삶 속에서 만나는 세계를 분석 대상으로 삼으라는 말이다. 그래서 위르겐 하버마스는 하이데거 철학의 공헌을 과학에 의해 식민지화되어가는 '생활세계'의 위기를 깨닫게 해주었다는 점에서 찾는다.

인간은 존재의 물음을 던지는 유일한 존재자

하이데거가 지향했던 철학의 궁극적 과제는 존재의 의미에 대한 물음을 다시 세우는 것이었다. 그의 표현을 빌리면 "존재의 물음은 플라톤과 아리스토텔레스가 숨을 죽이며 연구한 것"이었지만, 그 후로는 긴 침묵에 빠져버렸다. 그러한 존재의 물음은 결코 제기하지 말아야 할 것, 또는 무척이나 자명한 것, 또는 내용이 텅 비어 정의할 수 없는 것으로 간주되었다. 그 결과 서양철학은 잘못된 길로 빠지고 말았다. 그 결정적 계기는 존재와 존재자의 차이를 구분하지 못하는 오류에 있다.

존재란 무엇인가? 하이데거의 설명은 이렇다. "존재는 존재자를 존재자로서 규정하는 것, 존재자가 각기 이미 그것으로 이해되어 있는 것이다. 존재자의 존재는 또 하나의 존재자가 아니다." 그렇다면 존재자(das Seiende)란 무엇인가? 하이데거는 이렇게 말한다.

●

우리는 많은 것을 아주 다양한 의미로 '존재한다'고 명명한다.
우리가 그것에 대해서 이야기하는 것, 우리가 의미하는 것,
그것과 우리가 이렇게 또는 저렇게 관계를 맺는 것 등
그 모든 것이 '존재하는 것'이며,
우리 자신이 무엇이며 어떻게 존재하는 것도 또한 '존재하는 것'이다.

하이데거가 정의한 존재와 존재자를 선명하게 구분할 수 있는가?

그렇다면 다행이지만 그렇지 않다고 해도 결코 실망할 필요가 없다. 하이데거 철학에서 유난히 많이 등장하는 신조어는 대부분이 존재와 존재자의 차이를 설명하고자 만들어졌다고 해도 과장이 아니다. 용감하게 말한다면, 하이데거가 저술한 일백 권에 가까운 책을 관통하는 메시지도 존재와 존재자의 문제에 대한 2500년 동안의 서양 철학의 오류에 대한 하이데거의 비판적 고찰이라고 할 수 있다.

하이데거의 존재-존재자 구분법에 따르면, 존재자는 눈에 보이지만 존재는 보이지 않는다. 존재하는 것은 아기도 쉽게 구분하지만, 존재는 눈에 보이지도 않고 귀에 들리지도 않고 손으로 만져지지도 않는다. 그러나 존재는 존재자를 규정하고 이해하는 지평이다. 그래서 우리는 존재를 자명한 것처럼 여기기도 하고, 존재의 문제를 철학적 대상으로 삼기도 한다. 존재론은 바로 그렇게 태어났다.

하이데거는 그리스 철학에서 시작한 존재 문제를 둘러싼 거인족 간의 논쟁의 불씨를 되살린다. 여기에서 그의 주장을 추적하기에는 지면이 너무 좁다. 그러나 최소한 존재 문제에 접근하려는 하이데거의 기본 전략만큼은 언급해야겠다. 하이데거는 존재 문제를 푸는 실마리로 인간의 존재 양식에 주목한다. 인간은 다른 존재자와 달리 존재의 물음을 던지는 유일한 존재자이다. 그의 설명을 그대로 가지고 와보자. "현존재는 그의 존재에서 이해하면서 이 존재와 스스로 관계하는 존재자이다." 그는 이러한 현존재의 존재 방식을 '실존'이라고 말한다. 그가 실존주의 철학자로도 분류되는 이유가 여기에 있다. 그러나 굳이 그를 분류한다면 서양 2500년 존재의 역사를 새로운 사유의 틀로 선보인 형이상학자라고 보는 편이 더 적절해보인다.

하이데거 철학은 나치즘과 무관한가?

한 철학자의 사상에 대한 평가는 그 사람의 구체적 삶과 떼어놓고 보는 것이 보통이지만, 때로는 사상과 삶을 엄격하게 떼어놓고 보기 힘든 때도 있다. 하이데거와 같은 경우는 더 그렇다. 그는 평생 강의와 연구를 게을리하지 않은 모범적인 학자의 전형이다. 그에게는 세속적 취미 생활이 거의 없었다. 신문도 거의 읽지 않았으며, 집에는 텔레비전도 없었다. 그는 글을 읽고 쓰고 철학적 사유를 하는 데 모든 시간을 보냈다. 그래서 그의 길지 않은 대학 총장 재임 시절의 오점이 더 크게 보이는 것인지도 모른다. 여기에서 오점이란 하이데거가 나치에 부역한 사실을 말한다.

하이데거는 이 문제에 대해 어떤 공식적 입장을 표명하지 않았다. 가장 포괄적으로 자신의 입장을 밝힌 것은 1966년 9월 23일 독일의 시사 주간지 《슈피겔》과 한 인터뷰다. 하이데거의 희망에 따라 사후에 발표된 이 인터뷰에서도 하이데거의 입장은 여전히 안개 속이다. 하이데거는 자신의 정치적 오류를 인정한다. 그와 관련된 몇 가지 오해에 대해서는 적극적으로 해명한다. 그러나 그는 나치에 참여했을 당시에 가졌던 정치적 견해와 철학적 입장에 대해서는 여전히 유효하다고 볼 수밖에 없는 주장을 펼친다. 《슈피겔》이 집요하게 질문했지만, 하이데거 역시 자신의 철학적 주장을 되풀이해 말할 뿐이다.

그래서 과연 하이데거가 유사한 상황이 벌어졌을 때, 그가 범했던 정치적 오류와 똑같은 오류를 범하지 않을 것인가 하는 의문이 생겨난다. 또 무엇보다 개인적 인물로서의 하이데거가 아니라 사상으로서의 하이데거 철학이 과연 파시즘과 무관한가 하는 질문은 결코 가볍게 넘길 수만은 없다. 그래서 하이데거가 끝내 해명하지 않은 것이 더 아쉽게 느껴진다. 그 이유가 유달리 강한 그의 자존심 때문이었는지 변함없는 정치철학적 소신 때문이었는지도 여전히 모호하다.

나치와 연루된 하이데거를 형상화한 이미지

"칼 포퍼"

비판적 합리주의자 ⸻⸻⸻⸻⸻⸻⸻⸻⸻⸻⸻ 송 하 석

20세기 투자의 귀재 조지 소로스(George Soros)는 자신의 투자 전략은 수많은 경험적 사례에 기반을 둔 반증을 견딘 이론만이 받아들일 만하다고 말한 칼 포퍼(Karl Raimund Popper, 1902~1994)의 가르침에서 나왔다고 말했다. 실제로 소로스는 런던 정경 대학에서 포퍼의 강의를 들은 포퍼의 제자 중 한 사람이다. 최근 미국 불경기에도 막대한 투자 이익을 남긴 소로스는 《열린사회와 그 적들》이라는 포퍼의 저서에서 이름을 따와 '열린사회 재단'을 설립하기도 했다. 또 독일 수상을 지낸 헬무트 슈미트와 헬무트 콜 그리고 리하르트 폰 바이츠제커 전 독일 대통령,

마가렛 대처 전 영국 수상은 자신들에게 가장 큰 영향을 준 철학자로 포퍼를 꼽았으며, 노벨의학상 수상자인 피터 미더워와 자크 모노도 포퍼를 가장 영향력 있고 가장 탁월한 철학자로 평가했다. 이처럼 철학계는 물론 정계, 재계, 그리고 다른 학문 분야의 지성인들에게 포퍼만큼 널리 영향력을 행사한 사람도 드물다. 왜 포퍼 철학이 20세기 지성에 그토록 큰 영향을 미쳤을까?

마르크시즘과의 조우
아인슈타인의 상대성이론 강의를 듣다

포퍼는 1902년 오스트리아의 빈에서 태어났다. 유대계 변호사였던 포퍼의 아버지는 15,000권이 넘는 장서를 소유할 만큼 지적인 욕구가 강한 사람이었고, 그러한 욕구는 포퍼에게 고스란히 전해진 것으로 보인다. 그러한 지적 욕구가 있음에도 포퍼는 제1차 세계대전의 혼란 속에서 제도교육에 환멸을 느껴 고등학교를 중퇴한다. 그러나 그의 지적인 욕구는 그를 빈 대학에 청강생으로 등록하게 했고, 그는 그곳에서 자신의 삶에서 매우 중요한 두 가지 경험을 한다. 그 하나는 마르크시즘과 조우한 것이고, 다른 하나는 아인슈타인에게서 상대성이론 강의를 들은 것이다.

포퍼는 10대 후반부터 마르크시즘에 관심을 보였고 사회주의 운동에 참여하는 등 열렬한 마르크스주의자가 된다. 그러나 나치 독일

2부 | 현대의 철학자

이 조국인 오스트리아를 침공해 합병할 때, 마르크스주의자들이 그 사건을 제국주의적 자본주의의 자연스러운 귀결, 즉 공산혁명으로 가는 필연 과정으로 받아들이는 것을 보고, 포퍼는 마르크스주의를 일종의 전체주의로 규정하고 마르크스주의와 결별한다. 그리고 자신의 이러한 사상 편력을 정당화라도 하듯이 "젊어서 마르크스에 빠지지 않으면 바보지만, 그 시절을 보내고도 마르크스주의자로 남아 있으면 더 바보"라는 유명한 말을 남기기도 했다.

1922년 빈 대학에 정규 학생으로 등록을 해 26세가 되던 1928년 철학박사 학위를 취득한다. 그런데 이 무렵 서유럽 철학계의 중심에는 빈 학단(비엔나 서클)이라는 모임이 있었다. 그들은 비트겐슈타인의 《논리철학논고》에 영향을 받아 20세기 새로운 철학인 논리실증주의(Logical Positivism)를 태동시켰다. 논리실증주의의 핵심적인 주장은 귀납주의와 검증 가능성 원리라고 할 수 있다.

귀납주의는 소박하게 설명해 과학이 경험 관찰로부터 시작되고, 과학 법칙은 경험 관찰한 사실을 일반화한 것이라고 주장하는 견해이다. 예를 들어, 관찰된 몇 개의 에메랄드가 초록색이라는 사실에서 그 사실을 일반화해 '모든 에메랄드는 초록색이다'는 보편적인 주장을 얻어낸다는 것이다. 그런 일반화 과정은 대표적인 귀납추리이기 때문에, 이러한 논리실증주의의 주장을 귀납주의라고 한다. 논리실증주의의 검증 가능성 원리란, 어떤 진술이 의미 있는 진술이려

《열린사회와 그 적들》 표지

2부 | 현대의 철학자

면 그 진술의 참 또는 거짓이 경험적으로 검증될 수 있어야 한다는 것이다. 예컨대 '모든 에메랄드는 초록색이다'라는 진술은 초록색 에메랄드를 관찰해 검증되는 셈이므로 의미를 갖는다. 그러나 '신은 자비롭다'와 같은 진술을 검증할 관찰 사실은 없기에 이 진술은 무의미하다는 것이 논리실증주의자의 주장이다. 요컨대 논리실증주의자의 핵심 아이디어는 어떤 과학적 주장의 정당성은 그것을 지지하는 관찰과 경험의 정도에 달려 있고, 과학 이론은 다양한 종류의 경험적 사실에 기초하며, 그런 경험적 사실의 정도가 많을수록 그 이론의 설득력은 높아진다는 것이다.

지적인 거장들의 주장에 반기를 든
젊은 포퍼의 비판적 합리주의

이러한 지적인 거장들의 주장에 서른도 되지 않은 젊은 포퍼가 반기를 들었다. 그는 과학이론을 검증하는 아무리 많은 수의 관찰 사례가 있다고 하더라도 이런 증거가 이론의 진리성을 논리적으로 확립해줄 수는 없다고 생각했다. 아무리 많은 초록색 에메랄드를 관찰한다고 해도 '모든 에메랄드는 초록색이다'는 진술이 결정적으로 참이 되지는 않기 때문이다. 오히려 단 한 차례의 반박 사례, 예컨대 초록색이 아닌 에메랄드만 발견되어도 그 진술은 거짓이 되고 만다. 그것이 바로 포퍼가 귀납주의를 포기하고 과학의 방법이 연역적이어야 한다고 주장하는 이유이다. 다음 두 논증을 보자.

논증 1   모든 에메랄드가 초록색이라면 다음에 관찰될
에메랄드도 초록색일 것이다.
관찰된 에메랄드가 초록색이었다.
그러므로 모든 에메랄드는 초록색이다.

논증 2   모든 에메랄드가 초록색이라면 다음에 관찰될
에메랄드도 초록색일 것이다.
초록색이 아닌 에메랄드가 관찰되었다.
그러므로 모든 에메랄드가 초록색인 것은 아니다.

귀납주의는 논증 1에 의지하는 이론이다. 그러나 잘 알려진 것처럼 이는 논리적으로 오류(후건 긍정의 오류)이다. 논리적으로 타당한 것은 논증 2이고, 포퍼는 이를 토대로 과학이론의 등장과 발전을 설명해야 한다고 주장한다. 포퍼는 과학의 발전은 기존 이론의 정당성을 부정하는 경험적 사실이 관찰됨으로써 그 이론이 반증되는 과정을 통해 달성된다고 주장한다. 따라서 과학자는 기존 이론을 검증하려

는 노력을 포기하고 반증할 수 있는 관찰 사실을 발견하고자 노력해야 한다. 이러한 그의 주장을 반증주의(falsificationism)라고 한다.

과학이론이 경험 관찰로부터 시작되는 것이 아니라면 어떻게 시작되는 것인가? 포퍼에 따르면 과학이론은 기존의 이론이 해결하지 못한 문제를 해결하고 발생한 사실을 적절한 방식으로 설명하려고 제안된 가설적인 추측이다. 즉, 과학이론은 주어진 문제를 해결하고 발생한 사실을 적절하게 설명하는 가설을 제안하는 것에서 시작된다. 그리고 그 가설을 관찰해 반증된다면 그 가설은 포기되고 다른 가설이 제안되는 과정이 지속되며, 이러한 과정에서 반증을 견디고 살아남은 가설은 과학이론의 지위를 확보한다. 그런 의미에서 현재 반증을 견디고 살아남은 과학이론은 반증되어 버려진 과거의 이론에 비해 상대적으로 참에 가까울 뿐, 그것이 반드시 '참'이라고 보장할 수는 없다. 결국 진리에 이르는 유일한 방법은 실수와 착오의 위험을 감수하면서 추측과 반박(conjecture and refutation)이라는 시행착오를 거치는 것이다. 이처럼 과학은 문제에 부딪혀 그 문제를 해결하려고 합리적인 가설을 제기하고, 그것을 반증하는 과정을 통해 성장한다는 그의 관점을 비판적 합리주의(Critical Rationalism)라고 한다.

비판적 합리주의는 인간의 이성이 완벽하지 않고 오류를 범할 수 있다는 데, 즉 '이성의 한계'를 인정하는 데에서 출발한다. 이를 오류가능주의(fallibilism)라고 한다. 오류가능주의에 따르면, 이성은 그 한계를 극복하려고 서로의 비판을 허용하고 반증으로 점진적 방법으로 나아가야만 진리에 접근할 수 있다. 그런 의미에서 포퍼는 자신을 계몽주의 철학의 전통에 속하는 마지막 철학자라고 말했다. 비판적 합리주의는 이성을 중시하기는 하지만 방법론적으로만 이성을 중시할 뿐이고, '이성' 자체에 절대적인 가치를 부여하지는 않는다.

이렇게 논리실증주의에 반대해 반증주의를 제안한 포퍼의 첫 저서, 《탐구의 논리》가 1934년 출간되었다. 그 저서는 1930년부터 쓰여 1932년 완성되었으나 출판사를 찾지 못해 2년여 동안 방황하다가 상당히 많은 부분을 제거한다는 조건으로 출판되었다. 이 책으로 포퍼는 빈 학단의 회원에게도 알려졌지만, 여전히 포퍼는 그들의 모임에 초대되지 못했고, 심지어 오토 노이라트(Otto Neurath) 같은 회원은 포퍼를 자신들의 '공식적인 적'이라고 규정하기도 했다고 한다.

포퍼는 철학계에서 인정을 받기도 전에 1930년대 나치의 등장으로 유대인에 대한 박해가 시작되자 1936년 뉴질랜드로 망명을 떠난다. 그곳에서 오스트리아가 독일에 합병되었다는 소식을 접하면서 본격적으로 전체주의를 비판하기 시작한다. 그 결과 1944년에는 《역사주의의 빈곤》이, 1945년에는 《열린사회와 그 적들》이 출간된다.

과학철학에 대한 견해의 확장
사회철학과 정치철학에 대한 포퍼의 견해

사회철학과 정치철학에 대한 포퍼의 견해도 과학철학에 대한 그의 견해의 확장이라고 할 수 있다. 반증주의를 주장한 포퍼는 어떤 이론이든지 그것이 과학이라는 범주에 포함되려면 그것이 반증 가능해야 한다고 주장한다. 그는 이를 토대로 진짜 과학(genuine science)과 사이비과학(pseudo-science)을 구별한다. '모든 물체는 열을 받으면 팽창한다'는 진술은 반증 가능하다. 왜냐하면 열을 가해도 팽창하지 않는 물체가 존재한다면 이 진술은 거짓이 될 것이기 때문이다. 그러나 '모험적인 투기는 행운을 낳는다'는 진술은 반증 가능하지 않다. 왜냐하면 이 진술을 반증하는 사례는 모험적인 투기를 했음에도 행운을 낳지 않는 경우일 텐데, 모험적인 투기란 어느 정도로 위험 부담을 가져야 모험적인 투기인지 행운이라고 하면 어느 정도의 이익을 낳는 경우인지 불분명하기 때문에, 어떤 일이 발생해도 이 진술을 결정적으로 반증하지 못하기 때문이다.

이처럼 어떤 이론이 진정한 과학이론이 되려면 그 이론을 구성하는 진술이 반증 가능해야 하고, 반증 가능하지 않은 진술로 구성된 이론은 참다운 과학이론이라고 할 수 없다는 것이 포퍼의 주장이다.

포퍼가 반증가능하지 않아 진짜 과학이라고 할 수 없는 것으로 간주하는 이론 중 대표적인 것이 알프레드 아들러(Alfred Addler)의 심리학과 지크문트 프로이트(Sigmund Freud)의 정신분석학이다. 아들러의 심리학은 열등감이 인간 행동에 동기를 부여한다고 주장한다. 물에 빠져 허우적거리는 어린아이를 보았을 때, 어떤 사람은 그를 구하려고 뛰어들 것이고 어떤 사람은 못 본 척 외면할 것이다. 그런데 아들러의 심리학은 그가 어떤 행동을 하든지 그것은 열등감이 그 동기라고 설명한다. 결국 아들러의 이론은 모든 행동을 다 설명하고 어떤 행동이 발생한다고 할지라도 그의 이론은 반증되지 않는다. 포퍼의 아들러에 대한 설명이 옳다면, 아들러의 이론은 반증가능하지 않고 참다운 과학이론이라고 할 수 없다.

포퍼는 역사주의에 대해 그 핵심적 원리를 "역사는 특수한 역사적 법칙이나 진화적 법칙에 의해서 지배되며 그 법칙을 발견한다면 우리는 인간의 운명을 예언할 수 있다는 것"이라고 설명한다. 역사주의에는 역사 발전의 법칙을 신의 의지로 설명하는 '유신론적 역사주의', 역사 발전의 법칙을 자연의 법칙으로 취급하는 '자연주의적 역사주의', 그리고 역사 발전의 법칙을 정신적 발전의 법칙으로 취급하는 '정신적 역사주의', 역사를 경제적 발전의 법칙으로 설명하는 '경제적 역사주의' 등이 있다. 이처럼 다양한 역사주의가 있지만, 모든 역사주의가 공통적으로 주장하는 것은 역사가 불가피하게 어떤 원리나 규칙에 따라 결정된 목적(determinate end)을 향해 발전해나가고 역사의 미래를 법칙에 따라 예측할 수 있다고 믿는 이론이다.

포퍼는 두 가지 이유로 역사주의를 비판한다. 첫 번째 이유는 역사주의가 반증 가능하지 않다는 점이다. 사회과학의 중요한 작업은 발생한 사회현상을 설명하고 인간의 사회적, 정치적 발전에 대해 예측하는 것이다. 예를 들어 마르크스주의도 미래의 역사를 예측을 한다. 문제는 그 예측이 지지될 수 없는 경우에도 마르크스주의는 미봉적인(ad hoc) 가정을 덧붙이거나 수정해 그 예측을 계속 유지한다는 것이다. 이런 이유 때문에 포퍼는 마르크스주의가 초기에는 진짜 과학적이었지만, 결국 사이비 과학 또는 도그마로 전락했다고 주장한다.

포퍼가 역사주의를 비판하는 두 번째

지크문트 프로이트

이유는 앞에서 언급한 인간 이성에 대한 오류가능주의와 관련되어 있다. 역사주의의 미래 예측은 필연적인 법칙에 따라 등장하는 필연적인 것이므로 거짓일 수 없는 진리일 것이고, 이것은 오류가능주의와는 충돌할 수밖에 없기 때문이다. 인간의 이성의 산물인 지식은 그 자체로 절대적 진리가 아니고, 그런 의미에서 반성과 비판의 대상이어야 한다. 과학철학의 방법론인 '비판적 합리주의'가 사회철학의 원리로 확장되어야 하는 이유가 여기에 있다. 그리고 그렇게 모든 지식과 이론에 대한 비판이 가능한 사회가 바로 '열린사회'이다.

칼 포퍼의 묘비

나치즘이라는 전체주의에 의해 제2차 세계대전이라는 불행에 빠졌을 때, 포퍼는 전체주의가 역사주의의 산물임을 지적한다. 플라톤에서 시작된 유토피아적 사회철학은 헤겔과 마르크스로 이어지면서 서양 지성사의 한 축을 형성해왔는데, 바로 이러한 유토피아적 사회철학은 "인간의 역사는

2부 | 현대의 철학자

개인의 노력과 의지와는 상관없이 정해진 법칙대로 진행된다."라는 역사주의에 토대하는 것이다. 그는 이러한 역사주의를 "인류의 낡아빠진 꿈에 그 기원을 두고 있다."라고 말하면서 "역사는 내적인 원리나 법칙에 따라 진화하는 것이 아니다."라고 말한다. 우리가 지향해야 하는 사회는 열린사회인데, 역사주의는 그러한 열린사회로 발전하는 것을 방해하고, 독단적이고 전제적인 이데올로기를 강요한다는 점에서 비판되어야 한다는 것이 포퍼의 주장이다.

삶은 문제 해결의 연속
끝없는 탐구를 지속해야 하는 이유

포퍼는 열린사회의 특징으로 한 사회에서 자유로운 토론이 가능하고, 그 토론이 정치적 의사결정에 영향을 미친다는 점과 사회제도는 사회구성원의 자유와 사회적 약자들을 보호하기 위해 존재한다는 점, 두 가지를 든다. 우리가 이런 열린사회를 지향해야 하는 이유는 인간이 오류를 범할 수 있다는 사실을 인식할 때만 사회가 진보할 수 있으며 누구도 궁극적인 진리를 독점할 수 없기 때문이다. 다시 말해 규범이나 가치는 고정된 것이 아니며 필요에 따라 언제든 개선해나가야 하는 인간의 과제이고, 따라서 사회의 진보는 합리적인 비판과 점진적인 개혁으로 이루어지는 것이지 정해진 원리나 법칙에 따라 결정론적으로 이루어지는 것이 아니기 때문이다. 그런데 열린 사회를 거부하는 사회는 모두 암암리에 전제적인 이데올로기를 궁극적인 진리라고 주장하고 강요한다는 점에서 모순을 내포하는 것이다.

반증된 과학이론이 포기되고 새로운 가설이 다시 시험 무대에 등장하는 것처럼 많은 시민의 비판 대상이 되는 사회 이론이나 정책은 포기되고 새로운 대안이 시험되는 사회가 바로 열린사회이다. 열린사회에서는 사회 구성원의 비판적 탐구에 따라 사회정책이 포기되고 수정될 수 있다. 과학이론에 대한 그의 설명처럼, 그리고《삶은 문제 해결의 연속이다》는 포퍼의 마지막 에세이집의 제목처럼 우리의 삶은 문제 해결의 과정이라는 사실을 인식하고, 비판적 이성으로 주어진 문제를 해결하고자 그의 책 제목처럼 '끝없는 탐구'를 계속해나가야 한다는 것, 그것이 바로 포퍼가 21세기를 살아가는 우리에게 던지는 교훈이다.

Quine

" 윌러드 콰인 "

과학과 철학은 다르지 않다 .... 박 일 호

20세기 초에 형이상학은 모두 헛소리라고 주장하는 급진적인 철학자 그룹이 등장했다. 그들이

보기에 철학은 우리가 살고 있는 세계에 관해 아무것도 말해주지 않는다. 따라서 철학을 연구한

다고 세계에 관한 우리의 지식이 증가하는 것은 아니다. 그들에게 지식의 전형은 바로 경험과학,

그중에서 특히 물리학이다. 세계에 관한 지식은 철저히 경험에 근거해야 하며, 그렇지 않은 것들

은 모두 무의미한 말장난에 불과하다. 흔히 이들은 논리실증주의자(Logical Positivists)라고 불린다.

오스트리아의 빈에서 주로 활동했기에, 빈 학단 또는 비엔나 서클이라고 불리기도 한다. 프리드리히 슐리크, 오토 노이라트, 루돌프 카르나프등이 대표적인 논리실증주의자다. 물론 이들 역시 철학자들이다. 철학자 스스로가 세계에 관한 어떤 지식도 철학으로부터 얻을 수 없다고 말한다. 그렇다면 도대체 논리실증주의자는 왜 세계에 대해 아무것도 말해주지 않는 철학을 연구하는가? 인간의 지적 성장에서 철학의 임무는 무엇인가?

논리실증주의 : 헛소리를 제거하라!

거칠게 말해 논리실증주의자가 말하는 철학의 임무는 헛소리를 제거하는 것이다. 철학은 새로운 지식을 만들어내지 않는다. 그것은 경험과학이 할 일이다. 철학이 할 일은 따로 있다. 세상에는 다양한 지식이 있다. 아니, 지식인 척하는 것이 있다. 철학이 할 일은 바로 그것이 진정한 지식이 아니고 헛소리에 불과하다는 것을 밝혀내 제거하는 것이다. 논리실증주의자는 이런 임무를 완료해 형이상학과 같은 가짜 지식을 인간 지식 체계에서 추방했다. 아니, 그러기를 바랐다. 성공했는가? 그렇지 않다. 이 장에서 다룰 이야기는 논리실증주의자가 겪은 철학적 기획의 실패에 대한 것이다. 특히 논리실증주의의 적자(嫡子)이면서 논리실증주의를 무너뜨린 철학자에 대해 이야기할 것이다. 아버지를 배신한 아들은 바로 윌러드 콰인(Willard Van Orman Quine, 1908~2000)이다.

1908년에 태어난 콰인은 1932년에 하버드 대학에서 논리학에 관련된 논문으로 박사 학위를 받았다. 그의 지도교수는 러셀과 함께 《수학의 원리》를 쓴 화이트헤드였다. 학위를 얻은 콰인은 유럽으로 건너간다. 그곳에서 약 2년을 머물면서 다양한 철학자들을 만난다. 그중 한 명이 프라하에서 《언어의 논리적 구문론(Logical Syntax of Language)》라는 책을 쓰던 카르나프였다. 그 후 하버드로 돌아온 콰인은 세 번에 걸쳐 카르나프의 사상을 강의한다. 콰인이 세상을 떠난 지는 얼마 되지 않았다. 1978년에 하버드 대학에서 은퇴했지만, 그는 죽기 직전까지 계속 글을 썼으며 논문을 발표했다.

이제 다시 본론으로 돌아가자. 논리실증주의자에게 철학은 과학과 다르다. 철학이 할 일은 지식을 만들어내는 것이 아니라 인간의

루돌프 카르나프

지식 체계에 포함된 헛소리를 제거하는 것이다. 그렇다면 논리실증주의자가 생각하는 '헛소리'는 무엇인가? 그들은 경험으로 참이나 거짓을 판단할 수 있는 것만이 유의미하다고 생각했다. 전문 철학 용어를 사용하면, 경험에 의해 검증될 수 있는 것만이 유의미하다는 것이다. 즉, 논리실증주의자에게 경험으로 검증될 수 없는 진술은 모두 무의미한 헛소리일 뿐이다. 그렇다면 어떤 진술이 경험으로 검증될 수 있는가? '저 앞에 있는 소나무는 초록색이다'와 같은 진술이 대표적이다. 우리는 저기 앞에 있는 소나무를 관찰해 그것이 초록색인지 그렇지 않은지 직접 확인할 수 있다. 따라서 '저 앞에 있는 소나무는 초록색이다'와 같은 진술들은 유의미하다. 전문 용어를 사용하면, 이렇게 경험으로 진위를 직접 확인할 수 있는 진술을 '관찰명제'라고 한다. 논리실증주의자는 이런 관찰명제는 모두 유의미하다고 생각한다.

관찰명제가 아닌 것들은 모두 헛소리라고 말할 수는 없다. 만약 그렇게 말한다면, 경험 과학의 수많은 진술이 헛소리가 되어버리기 때문이다. 가령 '전자의 정지 질량은 9.107×10^{-28}g이다'는 진술을 생각해보자. 이것이 참인지 거짓인지 경험으로 직접 확인할 수 있는가? 그렇지 않다. 전자는 우리가 직접 경험할 수 있는 것이 아니다. 따라서 전자에 대한 이 진술은 경험으로 참이나 거짓을 직접 확인할 수 없다. 다시 한 번 전문 철학 용어를 사용하면, 이런 진술은 '이론명제'라고 불린다. 거칠게 과학이론에 등장하는 명제 정도로 생각하자. 아무튼 만약 경험으로 직접 확인할 수 없는 것을 모두 헛소리라고 말한다면, 수많은 이론명제는 헛소리가 되어 버린다. 그러므로 논리실증주의자의 중요한 임무 중에 하나는 경험으로 직접 검증할 수 없는 수많은 이론명제가 유의미한 이유를 제시하는 것이다. 그렇다면 어떻게?

논리실증주의자가 선택한 방법은 이론명제를 관찰명제로 바꾸는 것이다. 가령 '전자의 정지 질량은 9.107×10^{-28}g이다'를 경험으로 직접 진위를 확인할 수 있는 명제로 바꾸는 것이다. 이를 위해 몇 가지 특별한 것이 필요하다. 우선 '전자'라는 용어를 직접 관찰할 수 있는 것을 가리키는 용어로 바꾸어야 한다. 가령 "전자란 음극선 실험에서 푸르스름한 빛을 내는 물질이다."라는 식으로 먼저 관찰 가능한 용어로 전자를 정의해야 한다. 그리고 논리학과 수학을 이용해 '전자의 정지 질량은 9.107×10^{-28}g이다'를 '음극선 실험에서 푸르스름한 빛을 내는 것의 질량은 9.107×10^{-28}g이다'로 바꾸는 것이다. 그렇다면 직접 관찰할 수 없는 전자에 대한 진술이 직접 관찰할 수 있는 푸르스름한 빛 등에 대한 진술로 바뀐다.

이제 바뀐 진술은 경험으로 직접 검증할 수 있고 유의미한 명제가 된다. 어렵게 말하면, 철학자들은 이런 일련의 과정을 '이론명제를 관찰명제로 환원한다'고 말한다. 물론 여기에서 제시한 사례는 무척 조잡하며, 실제 논리실증주의자가 제시한 방법은 이보다 훨씬 더 엄격하고 복잡하다.

참과 거짓이 세계의 생긴 모습에 의존하는 종합명제
참과 거짓의 의미에만 의존하는 분석명제

여기에서 눈여겨보아야 할 것이 있다. 이론명제를 관찰명제로 바꾸려면 무엇이 필수적인가? 그것은 바로 정의(definition)다. 관찰할 수 없는 '전자'라는 용어를 관찰 가능한 것으로 정의할 수 있어야 이론명제를 관찰명제를 바꿀 수 있다. 더 나아가 논리실증주의자는 정의도 유의미하고 참이라고 말할 수 있어야 한다고 말한다. 그래야 정의를 이용해 관찰명제로 바뀐 이론명제도 유의미하다고 말할 수 있다. 그렇다면 정의란 무엇인가? 그것은 왜 참인가? 다음 두 진술을 생각해보자.

(가) 모든 백조는 흰색 조류다.
(나) 모든 총각은 결혼하지 않은 남자다.

(가)는 앞에서 이야기한 관찰명제와 유사한 것이다. (나)는 '총각'이라는 말을 정의하는 것이라고 할 수 있다. 이 두 진술은 어떻게 다른가? 차이를 확인하기 위해, 각 진술의 참이나 거짓을 결정하는 것이 무엇인지 생각해보자. (가)의 진리 여부는 무엇에 따라 결정되는가? 그것은 세계의 생긴 모습에 따라 결정된다. 즉, 이 세계에 있는 모든 백조가 흰색 조류라면 (가)는 참이고, 그렇지 않다면 (가)는 거짓이다. 따라서 (가)의 진위를 확인하고 싶으면, 세상으로 나가 이 세계의 모든 백조들을 관찰해야 한다. 하지만 (나)는 어떤가? 당신은 왜 '총각은 결혼하지 않은 남자다'가 참이라고 생각하는가? (나)가 참인지 확인하기 위해 모든 총각들의 가족관계확인서를 검사할 필요는 없다. (나)의 진위는 단지 '총각', '결혼', '남자'라는 단어가 무엇을 의미하는지 아는 것만으로 충분히 파악할 수 있다. 즉, 단어의 의미만으로 (나)의 진위가 결정된다. 물론 (가)는 그렇지 않다. 당신은 '백조', '흰색', '조류'라는 단어가 무엇을 의미하는지 알아도 (가)의 참 거짓을 결정할 수 없다.

여기에서 잠깐 전문 철학 용어를 이용해 정리해보자. 철학자들은 참이나 거짓이 세계의 생긴 모습에 의존하는 명제를 '종합명제'라고 부른다. 그리고 참이나 거짓이 의미에만 의존하는 명제를 '분석명제'라고 부른다. 논리실증주의자에게 관찰명제와 관찰명제로 환원되는 이론명제는 모두 종합명제이다. 그리고 그 환원을 가능하게 하는 정의와 같은 것은 모두 분석명제이다. 이런 점 때문에 논리실증주의자의 원대한 목표, 즉 이론명제를 관찰명제로 환원해 인간 지식에서 헛소리를 제거하고자 하는 목표는 분석명제에 크게 의존할 수밖에 없다. 바로 이 순간 콰인은 논리실증주의자에게 결정적인 타격을 입힌다.

분석명제와 종합명제는 구분될 수 없다

콰인은 물어본다. 분석명제는 왜 참인가? 앞에서 말했듯이 분석명제의 참은 의미에 따라서 결정된다. 즉 '총각은 결혼하지 않은 남자이다'는 진술이 참인 것은 '총각'이 의미하는 것과 '결혼하지 않은 남자'가 의미하는 것이 같기 때문이다. 여기에서 의미하는 것이 같다는 말은 아마도 '총각'과 '결혼하지 않은 남자'가 동의어라는 말일 테다.

그렇다면 다시 물어보자. '총각'과 '결혼하지 않은 남자'가 동의어라는 것은 무슨 말인가? 어떤 철학자는 '총각'과 '결혼하지 않은 남자'가 동의어라는 것은 그 둘을 서로 바꿔 사용할 수 있다는 것으로 설명하려고 할지도 모른다. 좀 더 구체적으로 다음 두 진술을 생각해보자.

2부 | 현대의 철학자

(다) 한강에 있는 백조는 목이 길다.

(라) 내 친구 중에서 철수만 총각이다.

(라)의 '총각'을 '결혼하지 않은 남자'로 바꾸어보자. 그렇다면 '내 친구 중에서 철수만 결혼하지 않은 남자다'가 된다. 이렇게 '총각'을 '결혼하지 않은 남자'로 바꾼다고 하더라도 (라)의 참 또는 거짓은 바뀌지 않는다. 따라서 '총각'은 '결혼하지 않은 남자'와 동의어이고, 그러므로 (나) '모든 총각은 결혼하지 않은 남자다'는 분석명제라고 말할 수 있다. 하지만 (다)의 '백조'를 '흰색 조류'로 바꾸어보자. 그렇다면 '한강에 있는 흰색 조류는 목이 길다'가 된다. 하지만 만약 한강에 목이 짧은 흰색 비둘기가 있다면 이 진술의 참 또는 거짓은 원래의 (다)와 다를 수 있다. 따라서 '백조'와 '흰색 조류'는 동의어가 아니고, 그러므로 (가) '모든 백조는 흰색 조류다'는 분석명제가 아니라 종합명제가 된다.

어떤가? 이런 식으로 동의어를 설명하고 동의어를 이용해 분석명제를 설명하는 것은 그럴싸해 보이는가? 하지만 문제가 있다. 심장이 있는 모든 동물은 신장이 있으며, 신장이 있는 동물은 모두 심장이 있다고 가정하자. 그리고 다음 진술을 생각해보자.

(마) 백조는 심장이 있는 동물이다.

이제 (마)에 등장하는 '심장이 있는 동물'이란 표현을 '신장이 있는 동물'로 바꾸어보자. 그렇다면 다음 진술이 된다.

(바) 백조는 신장이 있는 동물이다.

앞에서 심장이 있는 모든 동물은 신장이 있으며, 신장이 있는 동물은 심장이 있다고 가정했다. 따라서 (마)가 참이라면, (바) 역시 참이다. 마찬가지로 (마)가 거짓이라면, (바) 역시 거짓이다. 즉, '심장이 있는 동물'이라는 표현과 '신장이 있는 동물'이라는 표현은 진릿값의 변화 없이 서로 바꾸어 사용할 수 있다. 그렇다면 '심장이 있는 모든 동물은 신장이 있다'는 분석명제인가? 전혀 그렇지 않다. '심장이 있는 모든 동물은 신장이 있다'는 진술이 참인지 확인하고자 '심장', '동물', '신장'의 의미를 아는 것으로 충분하지 않다. 세상으로 나가 세계를 관찰해야 한다. 즉, '심장이 있는 모든 동물은 신장이 있다'는 종합명제다. 따라서 동의어를 진릿값의 변화 없이 서로 바꾸어 사용할 수 있는 표현으로 설명하는 것은 잘못이다. 더 나아가 동의어라는 개념만으로 분석명제를 종합명제와 구분해 설명할 수 없다. 콰인은 여기에 필연성이라는 개념을 이용해 동의어를 설명하는 전략을 소개한다. 하지만 이 전략은 순환적이라는 것이 콰인의 지적이다.

그렇다면 동의어를 이용하는 것 말고 분석명제와 종합명제를 구분하는 다른 방법은 없는가? 한 가지 방법은 분석명제가 아닌 것을 규명하는 것이다. 즉 종합명제가 무엇인지 제시하고, 그것을 제외한 것은 분석명제라고 말하면 된다. 그렇다면 논리실증주의자에게 종합명제는 무엇이었는지 다시 생각해보자. 앞에서 경험으로 검증되는 것을 종합명제라고 불렀다. 여기에는 이론명제와 관찰명제가 모두 포함된다. 실험과 관찰로 많은 명제는 참 또는 거짓인 것이 밝혀진다. 이렇게 실험과 관찰로 진릿값이 결정되는 것은 모두 종합명제들이다. 따라서 분석명제를 무엇을 실험하든 무엇을 관찰하든 그 진릿값이 바뀌지 않는 명제라고 규정할 수도 있다. 바로 이 순간 콰인 철학의 핵심 논제 중에 하나가 등장한다. 그것은 바로 '인식론적 전체론(Epistemological Holism)'이다. 조금은 어렵지만 콰인의 말을 직접 들어보자.

외부 세계에 대한 진술들은 개별적으로 감각 경험의 법정에 서지 않는다. 그것은 집단적으로 감각 경험과 마주한다.

단순하게 생각해보자. 콰인의 말은 경험으로 평가되는 것은 개별 진술이 아니라 지식 체계 전체란 말이다. '모든 백조는 흰색 조류다.'는 진술을 다시 생각해보자. 조류학자가 세계 각지의 백조를 관찰했다. 그런데 오스트레일리아에서 검은색 백조가 발견되었다. 단순하게 생각하면, 검은색 백조가 관찰되었으니 '모든 백조는 흰색 조류다'는 진술은 거짓이라고 말해야 할 것 같다. 하지만 '모든 백조는 흰색 조류다'는 진술이 여전히 참일 수 있는 방법이 있다. 어떻게? 간단하다. 동물 분류 체계를 다시 만들면 된다. 즉, 새들을 새롭게 분류해 희지 않은 것은 백조가 아닌 것으로 분류 체계를 만들면 된다. 이런 식으로 인간 지식 체계를 급진적으로 수정하면 무엇을 경험하든 모든 명제가 경험과 무관하게 진릿값을 유지할 수 있다. 따라서 과학이 무엇을 실험하든 무엇을 관찰하든 그 진릿값이 바뀌지 않는 명제라는 규정 역시 분석명제에 대한 설명에 전혀 도움이 되

오스트레일리아에서 발견된 검은색 백조

지 않는다.

앞에서 설명한 다양한 논의를 통해 결국 콰인은 분석명제와 종합명제는 만족스럽게 구분될 수 없다고 결론 내린다. 물론 논리실증주의자에게 이런 결론은 치명적이다. 앞에서 말했듯이 논리실증주의자는 철학이 세계에 대한 어떤 지식도 만들어내지 않는다고 말했다. 그들에게 철학이 해야 할 일은 지식을 만들어내는 것이 아니라 헛소리 또는 가짜 지식을 제거하는 것이었다. 논리실증주의자는 가짜 지식은 정의와 같은 분석명제와 논리학을 이용해 제거될 수 있다고 믿었다. 하지만 콰인은 이 과정에서 중요한 역할을 하는 분석명제가 경험적 명제인 종합명제와 구분되지 않는다고 밝혀냈다. 이제 논리실증주의의 기획은 혼란에 빠진다.

콰인 대 비트겐슈타인

이제 논리실증주의의 철학은 어떻게 되나? 앞에서 설명한 용어로 이야기하면, 논리실증주의자에게 경험으로 검증될 수 있는 종합명제는 과학의 영역에 있는 것이며, 그런 종합명제들이 헛소리인지 평가하는 분석명제는 철학의 영역에 있는 것이었다. 이런 의미에서 철학은 과학과 다르며, 철학의 임무는 지식을 생산하는 것이 아니라 경험과학이 만들어낸 지식을 평가해 헛소리를 제거하는 것이었다. 그러나 이제 콰인 때문에 종합명제와 분석명제의 구분은 불분명해졌다. 즉, 과학의 영역과 철학의 영역은 분리할 수 없다. 따라서 철학과 과학 역시 구분되지 않는다. 더 이상 철학은 과학 밖에서 과학을 평가할 수 없다. 논리실증주의 프로그램은 이룰 수 없는 목표가 되어버린다. 이렇게 철학과 과학을 구분하지 않는 콰인의 입장은 '자연주의(naturalism)'이라고 부른다.

일반적으로 분석철학적 전통에서 핵심 인물로는 비트겐슈타인과 콰인이 꼽힌다. 비트겐슈타인은 논리실증주의자의 철학관에 큰 영향을 주었던 인물이다. 비트겐슈타인과 콰인의 차이는 철학과 과학 사이의 관계로 분명해진다. 콰인의 자연주의와 달리 비트겐슈타인은 논리실증주의자와 마찬가지로 철학의 영역과 과학의 영역을 구분했다. 그는 다음과 같이 말한다. "자기 눈앞에서 펼쳐지는 과학의 방법을 지속적으로 보아온 철학자들은 과학과 같은 방식으로 문제에 답하고 싶은 거부하기 힘든 유혹을 느낀다. 하지만 이런 경향이야말로 형이상학의 진정한 원천이다. 그리고 그것은 철학자들을 완전한 암흑으로 몰고 갈 것이다." 어떻게 생각하는가? 철학과 과학은 같은가? 아니면 그 둘은 다르고 철학은 과학과 다른 특별한 임무를 가지는가?

"토마스 쿤"

과학은 혁명적으로 변화한다 .... 박 일 호

인류의 지식은 꾸준히 증가하는가? 이 질문에 답하려면 우선 '지식이 꾸준히 증가한다'는 말이
무엇인지 분명히 하자. 당신은 지난 몇 개월간 돼지 저금통에 동전을 모으고 있다. 그리고 그 저
금통 속에 있는 동전의 수가 꾸준히 증가하길 바란다. 그렇다면 당신은 어떻게 해야 하는가? 간
단하다. 동전을 모으는 동안 돼지 저금통에서 동전을 빼면 안 된다. 그렇다면 저금통에 있는 동전
의 개수는 꾸준히, 다른 말로 누적적으로 증가하지 않는다. 저금통 속 동전의 수가 누적적으로 증
가한다는 것은 한번 저금통에 들어간 돈은 계속 저금통에 있다는 것이다. 마찬가지로 인류의 지

식이 누적적으로 증가한다는 것은 한번 지식이라고 인정받은 것은 영원히 지식의 지위를 잃지 않는다는 말이다. 이런 점에서 조금 이상하지만 인류의 지식이 누적적으로 증가한다는 말은 받아들이기 힘들다. 왜냐하면 과거에 지식으로 간주되었지만 현재에는 지식으로 간주되지 않는 것이 많기 때문이다. 이런 생각에 어떻게 답할 수 있을까? 여기 한 가지 방법이 있다.

토마스 쿤과 공약불가능성

인간의 지식 자체는 바뀔 수 있다. 그러나 과거과학으로는 해결할 수 없었던 많은 문제가 현대과학으로 해결되는 것 같기도 하다. 가령 뉴턴 역학으로는 설명되지 않았던 수성의 근일점 이동이 아인슈타인의 일반상대성이론으로 훌륭하게 설명된다. 이런 점을 염두에 둔다면, 과학을 통해 해결된 문제의 수는 꾸준히 증가한다고 말할 수 있는 것처럼 보인다. 하지만 이런 생각은 한 가지를 전제하는데, 그것은 인간이 해결하고자 했던 지적 문제는 변하지 않거나 또는 증가한다는 것이다. 만약에 과거에는 아주 중요했던 문제가 현재에는 별로 중요하지 않게 된 경우가 있다면, 또한 과거에는 별로 중요하지 않았던 문제가 현재에는 매우 중요해진 경우가 있다면, 과학이 해결한 문제의 수는 꾸준히 증가한다고 말하기 곤란하다.

예를 들어 에테르의 존재를 규명하는 문제는 고전전자기학에서 무척 중요한 문제였다. 하지만 현대물리학에서 이 문제는 다룰 가치가 없는 것이 여겨졌다. 마찬가지로 산소혁명 이전의 화학에서 플로지스톤(18세기 초에 과학자들이 상정한, 연소를 설명하려는 물질)의 무게를 측정하는 것은 무척 중요한 문제였다. 하지만 지금 어떤 화학자도 플로지스톤의 무게에 관심이 없다. 또한 천동설에서 우주의 중심에 있는 지구의 질량은 전혀 중요한 문제가 아니었다. 하지만 뉴턴 역학에서 지구의 질량을 규명하는 것은 핵심 문제 중의 하나이다.

이렇게 과거과학과 현대과학이 중요하게 생각하고 해결하려는 문제는 전혀 다르다. 이런 이유에서 현대과학은 과거과학이 해결하지 못한 많은 문제를 해결했고, 따라서 과학이 성장했다고 말하는 것은 조금 조급하다. 그리고 현대과학을 과거과학과 비교해 평가하는 것 역시 별 의미가 없는 것처럼 보이기도 한다. 아니, 현대과학과 과거과학은 비교 평가가 불가능한 것처럼 보이기도 한다. 왜냐하면 현대과학과 과거과학이 해결하고자 하는 문제는 전혀 다른 것이기 때문이다. 전문 철학 용어를 사용하면 현대과학과 과거과학은 공약불가능한 것 같다. 두 과학 사이의 공약불가능성(incommensurability)이란 것은 그 둘이 동일한 기준으로 비교될 수 없다는 것으로, 여기에서 다룰 토마스 쿤(Thomas Samuel Kuhn, 1922~1996)이 사용한 개념이다.

1960년대에 과학사로 무장한 토마스 쿤이 《과학 혁명의 구조》라는 책을 출판했을 때, 기존 과학철학계는 큰 충격에 빠졌다. 쿤 이전의 현대과학철학은 논리실증주의 또는 논리실증주의의 후계자가 점령하고 있었다. 그들은 과학언어를 분석했으며, 그것을 통해 과학과 과학이 아닌 것을 구분하고, 과학의 지속적인 성장을 설명하려고 했다. 하지만 쿤이 등장하면서 철학자들은 논리적 언어 분석에서 벗어나 과학사의 중요성을 더욱 절감하게 된다. 몇몇 철학자는 이런 변화를 '역사적 전환'이라고 부른다.

토마스 쿤은 1949년 하버드 대학에서 물리학 박사 학위를 받았다. 박사 과정 중에 비자연계 학생을 위한 과학 교양 과목의 조교로 일했다고 한다. 그러는 동안 과학사에 관심을 보였고, 박사 학위를 받은 뒤 하버드 대학 교양학부에서 과학사 담당 조교수로 아카데믹한 삶을 시작한다. 그 후 버클리 캘리포니아 대학, 프린스턴 대학, MIT 등에서 과학사 교수로 재직했다.

과학적 틀 패러다임

이제 조금 더 자세하게 쿤의 철학을 알아보자. 주요 키워드는 패러다임과 혁명이다. 쿤은 과거과학과 현대과학은 동일한 기준에서 비교 불가능하다고 생각한다. 그렇다면 과거과학에서 현대과학으로 발전하는 것은 어떻게 되는 건가? 비교불가능성 때문에 과거과학에서 현대과학으로의 발전은 연속적이지 않고 불연속적이다. 다른 말로 과학은 혁명적으로 변화한다. 여기에서 잠깐 주의할 것이 있다. 나는 지금 거칠게 '현대과학'과 '과거과학'이라는 표현을 사용하고 있다. 우리는 '21세기 초반 양자역학'을 현대과학, '20세기 중반 양자역학'을 과거과학이라고 생각할 수 있다. 그렇다면 21세기 초반 양자역학은 20세기 중반의 양자역학으로부터 혁명적으로 발전했다고 말하는 것인가? 그렇지 않다. 여기에서 현대과학과 과거과학은 단순한 시간적 구분이 아니다. 조금 더 정확히 말해, 혁명적으로 변화한 것은 과학자들이 공유하는 어떤 과학적 틀이다.

이 과학적 틀은 무엇이 중요한 과학적 문제인지, 그 문제를 해결하려면 어떤 방법을 사용해야 하는지, 문제가 해결되었다는 것은 무엇을 뜻하는지를 규정한다. 이런 의미에서 아마도 20세기 중반의 양자역학과 21세기 초반의 양자역학은 같은 과학적 틀을 공유한다고 말해야 할 것이다. 따라서 20세기 중반 양자역학에서 21세기 초반 양자역학으로의 변화를 혁명적이라고 부르기는 어렵다. 과학의 혁명적 변화 사례로는 천문학혁명이 대표적이다. 천동설에서 규정하는 중요한 문제는 지동설에서는 별로 중요하지 않은 문제가 된다. 그리고 천동설의 문제를 해결하는 방법은 지동설이 문제를 해결하는 방법과 상이하다. 물론 그 문제 해결 결과를 평가하는 것도 상이하다. 이런 점에서 천동설과 관련된 과학적 틀은 지동설과 관련된 과학적 틀과 전혀 다르며, 공약 불가능한 것이다. 토마스 쿤은 이 과학적 틀을 '패러다임(Paradigm)'이라고 불렀다.

패러다임은 쿤이 제시한 다양한 개념 중에서 가장 논란이 많은 것 중 하나다. 그가 처음으로 패러다임이라는 용어를 사용했을 때, 한 철학자는 그의 《과학혁명의 구조》에서 패러다임은 21가지의 다른 의미가 있다고 비판했을 정도였다. 좁은 의미로 패러다임은 모범 사례라고 할 수 있다. 교과서나 실험 교본에 등장하는 문제 풀이 또는 실험의 모범 사례 정도로 생각하면 된다. 이 좁은 의미의 패러다임에 대해 좀 더 생각해보자. 교과서에 나온 문제를 익히거나, 실험 교본에 등장하는 사례를 연습하면서 우리는 무엇을 습득하는가? 우선 현대과학자가 중요하게 생각하는 문제가 무엇인지 알 수 있다.

오늘날 교과서에 에테르의 밀도를 계산하라는 문제가 있는가? 아

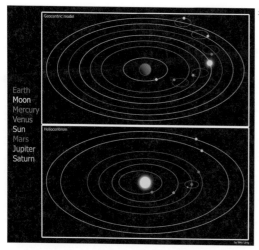

천동설과 지동설

2부 | 현대의 철학자

니면 플로지스톤의 무게를 측정하는 실험이 있는가? 현대과학자들이 연구할 가치가 없다고 생각하는 것은 교과서에 등장하지 않는다. 두 번째로 세계를 어떻게 바라보고, 세계 속 문제를 어떻게 해결해야 하는지도 알 수 있다. 교과서에 있는 예제를 푼 다음에 당신은 무엇을 하도록 강요받는가? 그렇다. 숙제해야 한다. 숙제는 대개 한 단원 뒷부분에 있는 연습문제일 것이다. 그 연습문제의 역할은 무엇인가? 예제에서 문제가 어떻게 해결되는지 배웠으니, 그것을 다른 사례에 적용해보라는 것이다. 예제를 다른 사례에 적용한다는 것은 무엇인가? 예제에서 다루는 경우뿐만 아니라, 다른 경우에도 그 예제처럼 문제를 해결하라는 것이다. 예제가 바로 패러다임이라면 교과서의 연습문제를 해결해 그 패러다임에 맞춰 세계를 관찰하고, 세계의 문제를 해결하는 방법을 습득하게 된다. 즉, 교과서를 충분히 익히고 실험 교본대로 실험하다 보면, 우리는 현대과학자들처럼 세상을 바라보게 된다.

과학의 혁명적 발전 패러다임의 변화

과학혁명은 바로 이 패러다임의 변화를 뜻한다. 과학자 사회가 공유하던 패러다임이 다른 패러다임으로 전환될 때 과학혁명이 일어난다. 하지만 과학의 역사 속에 항상 혁명만 있는 것은 아니다. 좀 더 도식적으로 말하면, 과학은 다음과 같은 순서로 발전한다. 전(前)-과학(pre-science)→첫 번째 정상과학(normal science)→첫 번째 위기→첫 번째 과학혁명→두 번째 정상과학→두 번째 위기→두 번째 과학혁명→……. 전-과학은 말 그대로 과학 이전 단계를 말한다. 아직 연구자들 사이에 공유된 패러다임이 없는 상태다.

물론 패러다임이 전혀 없는 것은 아니다. 과학자들의 수만큼 많은 패러다임이 존재한다. 하지만 그중에서 어떤 것도 지배적인 역할을 하지 못한다. 쿤은 전-과학 시기를 과학이 성숙하지 않은 단계라고 불렀다. 그는 공유된 패러다임이 있는가 그렇지 않은가를 가지고 성숙한 과학과 그렇지 않은 과학을 나눈다. 쿤이 보기에 사회과학에는 공유된 패러다임이 없다. 이런 의미에서 사회과학은 전-과학이라고 쿤은 말한다.

우후죽순처럼 많은 패러다임 중에서 하나의 패러다임이 주도권을 잡으면, 다수의 과학자가 그것을 공유하는 시기를 정상과학이라고 한다. 우리가 일반적으로 생각하는 과학의 모습은 대부분 정상과학을 뜻하는 경우가 많다. 이 시기에 과학자들은 패러다임의 지배아래 연구를 진행한다. 패러다임의 지배 아래 중요한 문제가 무엇인지 찾고, 그 문제를 해결하고 평가하려고 한다.

어떤 지배적인 패러다임도 영원할 수는 없다. 가령 현재의 패러다임에서 해결되지 않는 문제의 수가 지속적으로 증가하거나, 또는 패러다임 안에 아무리 연구해도 해결되지 않는 문제가 있다면 패러다임은 위기에 직면한다. 대표적인 사례로 고전역학과 전자기학 사이의 충돌을 들 수 있다. 19세기 후반 전자기학의 발전은 뉴턴 역학의 위기를 불러일으킨다. 전자기학의 많은 실험 결과가 뉴턴 역학에 부합하지 않았다.

이 문제는 뉴턴 역학으로는 도저히 해결될 수 없었던 문제로 인식되기 시작한다. 이제 뉴턴 역학은 위기에 봉착한다. 하지만 위기가 항상 혁명으로 이어지는 것은 아니다. 만약에 그 위기를 극복할 대안 패러다임이 등장하지 않는다면, 어쩔 수 없이 기존 패러다임을 고수할 수밖에 없다. 하지만 해결될 기미가 보이지 않는 문제를 아주 참신하고 대담한 방법으로 해결하는 새로운 패러다임이 등장하면, 기존 패러다임의 위기는 심화된다. 여기에서 한 가지 주의해야 한다. 새로운 패러다임이 모든 문제를 해결하는 것은 아니라는 것이다. 예를 들어 지동설이 처음 등장했을 때 그것은 천동설만큼 많은 문제가 있었다. 많은 사람들이 상식에 호소해 지동설의 잘못을 지적했다. 가령 지구가 자전한다면 우리는 왜 우주로 튕겨나가지 않는가, 지구가 자전한다면 왜 우리는 어지럽지 않은가 등의 문제가 대표적이다. 이런 문제는 지동설이라는 새로운 패러다임을 적극적으로 수용한 갈릴레오나 뉴턴과 같은 훌륭한 후배들에 의해 나중에 해결된다.

아무튼 새로운 패러다임에 매력을 느껴 적극적으로 그것을 수용한 학문 후속 세대들이 등장하고 이제 그들이 과학계에서 다수를 차지하면 패러다임의 전환, 즉 과학혁명이 일어난다. 흥미롭게도 정치혁명과 마찬가지로 과학혁명에도 반동이 존재한다. 과학혁명기에 새로운 패러다임을 거부하고 기존 패러다임을 고집하는 과학자는 늘 있게 마련이다. 20세기 막스 아브라함이라는 물리학자는 아인슈타인의 상대성이론을 끝까지 받아들이지 않았으며, 아인슈타인역시 양자역학을 끝까지 수용하지 않았다. 여기에서 쿤은 흥미로운지적을 한다. 쿤은 새로운 패러다임을 받아들이지 않고 그 바깥에서계속 연구하는 사람은 이제 더 이상 과학자가 아니라고 말한다. 이제 그는 과학에서 벗어나 철학자가 된다. 그러나 여기에서 한 번 더주의할 것이 있다.

과학철학의 양극단, 합리주의와 상대주의
쿤은 상대주의자?

아브라함이 상대성이론을 받아들이지 않고 아인슈타인이 양자역학을 받아들이지 않은 이유는 무엇인가? 일견 그들의 선택은 무척

불합리해보일 수도 있다. 그러나 그것은 결과만을 두고 판단했을 뿐이다. 물론 불합리한 이유에서 새로운 이론을 거부하는 과학자들도 있다. 우리는 결과적으로 그들의 선택은 잘못이었지만, 그들 역시 납득할 만한 이유가 있었다는 것을 인정하고 기억해야 한다. 가령 아브라함은 (비록 나중에 틀렸다는 것이 밝혀지지만) 아인슈타인의 이론이 실험 결과와 일치하지 않기 때문에 상대성이론을 거부했다. 하지만 다른 많은 과학자들은 아인슈타인의 이론이 기존의 모순을 해결했다는 이유에서 그것을 수용했다. 아브라함이 생각한 과학이론이 갖추어야 할 덕목과 아인슈타인의 추종자가 생각했던 과학이론이 갖추어야 할 덕목은 서로 달랐다. 아브라함은 실험의 일치를 가장 중요한 과학이론의 가장 중요한 덕목이라고 생각했지만, 아인슈타인의 추종자는 이론 내에 모순이 없어야 한다는 것을 과학이론의 가장 중요한 덕목이라고 생각했다. 아브라함도 납득할 만한 이유가 있었으며, 그 이유에 따라 상대성이론을 거부했다. 이런 점에서 과학이론의 선택이 결과적으로 틀렸다고, 아브라함을 불합리한 과학자라고 평가하는 것은 옳지 않다.

20세기 과학철학은 논리실증주의에서 시작되었다. 하지만 지난 100년을 거치면서 과학철학은 다양하게 분화했다. 한 극단에는 합리주의가 있으며, 다른 한 극단에는 상대주의가 있다. 합리주의적 전통에 따르면, 과학과 과학이 아닌 것을 구분하는 분명한 기준이 있으며 그 기준에 따라 인간의 다양한 지적 주장들을 평가할 수 있다. 하지만 상대주의적 전통에 따르면, 그러한 기준이란 것은 없으며 인간의 다양한 지적 주장은 인식론적으로 동등하다. 논리실증주의자와 포퍼가 대표적으로 합리주의적 전통에 근거한 과학철학자이다. 반면 파울 파이어아벤트(Paul Feyerabend)는 대표적인 상대주의 과학철학자라고 할 수 있다. 이번에 다룬 쿤은 합리주의보다는 상대주의에 좀 더 가깝다고 말할 수도 있다. 그리고 상대주의 진영에 끼친 쿤

파울 파이어아벤트

의 영향은 쉽게 짐작할 수 없을 정도다. 그러나 많은 철학자들이 그렇듯이 그는 자신이 상대주의로 묶이는 것을 달가워하지 않았다고 한다. 사실 몇몇 철학자들이 평가하듯이 쿤의 과학철학은 과학철학 속 합리주의적 요소를 유연하게 했다고 말하는 것이 정확하다. 과학자들의 패러다임 선택 결과가 항상 옳지는 않다. 그러나 그들이 그런 잘못된 선택을 한 것 역시 그 나름대로 납득할 만한 이유가 있다.

Habermas

"위르겐 하버마스"

비판으로서의 철학 .... 정 재 영

위르겐 하버마스(Jürgen Habermas, 1929~)는 지금까지 소개한 철학자 가운데 유일하게 살아 있

는 철학자다. 단지 생존해 있는 것이 아니라 팔순이 넘은 지금도 여전히 펜을 놓지 않은 '현역' 철

학자다. 하버마스의 왕성한 활동은 업데이트가 잘 된 '하버마스 포럼'에서 쉽게 확인된다. 지금은

괴테 대학으로 이름이 바뀐 프랑크푸르트 대학에서 1994년 퇴직한 이후에도 그는 거의 해마다

책을 출간했다. 젊은 시절부터 필진으로 참여하는 독일의 시사 주간지 《디 자이트(Die Zeit)》를 비

롯해 영향력 있는 매체에 현안 문제를 꾸준히 기고한다. 그야말로 평생 현역이라고나 할까?

철학은 위대한 전통을 거부함으로써
그 전통에 충실해진다

하버마스의 최근 이력을 보면 재미있는 사실이 하나 발견된다. 1974년 독일 슈투트가르트 시가 수여하는 헤겔 상을 수상한 것을 시작으로 2010년 아일랜드 더블린 시의 유니버시티 컬리지(UCD)에서 주는 율리시스 메달을 받기까지 모두 14차례나 상을 받았다. 유럽에서 주는 권위 있는 상은 대체로 지방자치단체나 대학에서 제정한 것이다. 상의 이름은 그 도시 또는 그 대학이 배출한 인물에서 따오는 경우가 대부분이다.

슈투트가르트는 철학자 헤겔이 태어난 곳이며, 더블린의 유니버시티 칼리지는 《율리시스》를 쓴 작가 제임스 조이스가 나온 대학이다. 2000년대 들어 지난 10년간 7차례를 수상했으니 거의 해마다 상을 받은 셈이다. 다작만큼이나 상복도 유난히 많은 철학자다.

잠깐! 철학자가 상을 받는 것이 그렇게 큰 영예인가? 일찍이 장폴 사르트르(Jean-Paul Sartre)는 상 중의 상이라고 할 수 있는 노벨문학상(노벨상에는 철학상은 없다)에 선정되었다는 소식을 듣고 "작가를 분류하고 문학을 등급 매기는 것"이라며 수상을 거부했다. 해마다 빠지지 않고 책을 내놓듯이 해마다 빠지지 않고 상을 받는 것이 무슨 의미가 있을까? 한때 방송사에서 주는 가요대상을 해마다 휩쓸었던 가수 조용필도 후배에게 양보하겠다며 모든 방송사에서 주는 상을 거부하는 선언을 하지 않았던가?

하버마스는 수상식장을 소통하는 공간으로 삼았다. 물론 상을 받는 것은 그 자체로 영예로운 일이다. 그러나 하버마스에게 상을 받고, 축하를 받고, 연설하는 것은 그와 관련된 공동체와 의사소통을 하는 하나의 행위다. 하버마스의 수상 연설은 흔히 보는 감사와 칭송의 장이 아니다. 그 담화 공동체에 던지는 하나의 메시지다. 좀 딱딱한 말로 표현하면, 그것은 하나의 발화행위(speech act)다. 거기에는 말을 하는 사람과 말을 듣는 사람 그리고 그 말에 관심을 기울이는 공동체가 있다. 그 담화 공동체에 듣기 좋은 말이나 잔뜩 늘어놓는 것은 상을 주는 사람도, 상을 받는 사람도 그리고 축하하러 오는 청중들에게도 맥 빠지는 일일 것이다.

지난 20세기 후반 서양 지성 사회를 뜨겁게 달구었던 근대-탈근대 논쟁의 불씨도 1980년 프랑크푸르트 시가 주는 아도르노 상 수상 연설에서 비롯되었다. '실패했지만 끝나지 않은 근대 프로젝트'라는 제목의 수상 연설에서 하버마스는 미셸 푸코(Michel Foucault)와 자크 데리다(Jacques Derrida)를 싸잡아 신보수주의자로 규정했다. 이 수상 연설에서 하버마스는 그의 프랑크푸르트 학파 선배 학자인 테오도르 아도르노(Theodor Wiesengrund Adorno)가 《계몽의 변증법》을 통해 제기한 근대 프로젝트가 실패했다는 점에는 동의하지만, 이 프로젝트가 멈추어 서지 말고 계속 추진되어야 하는 미완의 프로젝트라고 보았다.

하버마스는 근대 프로젝트가 미몽을 깨뜨린 계몽이 아니라 그 자체가 미몽이라는 아도르노의 지적에 동의한다. 이성이 도구화되었다는 진단에도 의견을 함께한다. 바로 이 때문에 이성이 기획한 계몽 프로젝트는 실패했다. 그러나 하버마스가 보기에 근대는 전근대보다 개혁적이고 건강하

하버마스와 아도르노

다. 하버마스는 세계 곳곳에는 전근대적인 야만이 독버섯처럼 남아 있다고 진단했다. 그래서 하버마스는 탈근대의 이름으로 근대 프로젝트가 지닌 개혁적 추동력을 멈춰 세우려는 새로운 보수주의를 경계했고, 그 구체적 인물로 푸코와 데리다 등을 콕 집어 거론했다. 이것이 바로 전형적인 하버마스식 강연이다. 그의 강연은 주례사나 잔칫집에서 덕담을 나누는 수준의 강연이 아니다. 유탄을 맞은 것은

2부 | 현대의 철학자

신보수주의자로 낙인찍힌 푸코와 데리다였지만, 하버마스가 실제로 겨냥한 대상은 작고한 그의 선배 아도르노가 아니었을까? 아도르노에게서 비판으로서의 철학적 전통을 물려받은 하버마스에게 전통을 계승한다는 것은 같은 상태를 유지하고자 매일 닦고 조이고 기름 치는 것이 아니다. 하버마스는 "철학은 그의 위대한 전통을 거부함으로써 그 전통에 충실하게 된다."라고 말한다.

근대의 기획은 실패했지만 아직 끝나지 않았다

이야기가 나온 김에 하버마스와 푸코 그리고 하버마스와 데리다의 뒷이야기를 잠시 더 해보자. 지난 1960년대 실증주의 논쟁을 시작으로 크고 작은 논쟁을 주도해온 하버마스식 철학하기의 특징이

프랑크푸르트 대학

잘 드러나기 때문이다.

자크 데리다

푸코는 자신을 신보수주의자로 규정한 하버마스의 글을 읽고 크게 분노했다고 전해진다. 미국 캘리포니아 대학에서 푸코와 하버마스의 대담을 기획했지만, 갑작스런 푸코의 죽음으로 20세기 후반기를 대표하는 두 철학자의 대담은 끝내 성사되지 못했다. 푸코가 사망했을 때 하버마스는 푸코를 추모하는 글에서 자신이 푸코를 상당 부분 오해했을지 모른다고 유감의 뜻을 표시했다. 그러나 탈근대 논쟁에 대해 하버마스가 집약한 보고서라고 할 수 있는《현대성의 철학적 담론》에서 그는 다시 푸코를 두 장에 걸쳐 통렬하게 비판했다. 물론 죽은 푸코는 말이 없다. 푸코의 철학을 자주 인용한 하버마스와는 달리, 푸코는 생전에 하버마스의 철학을 특별히 언급하지 않았다. 죽은 푸코 편에서 보면 병 주고 약 주기 또는 약 주고 병 주기식이었지만, 그것이야말로 하버마스가 철학하는 방식이다.

데리다와는 행복하게 화해했다. 한 학술대회에서 데리다와 만난 하버마스는 먼저 데리다에게 접근했고, 두 사람은 완벽한 상호 이해에 도달했다고 선언했다. 프랑크푸르트와 파리에서 각각 열린 학술대회에 상대방을 초대했고, 미국 9.11 사건 이후에는 '테러 시대의 철학'이라는 공동 프로젝트를 진행하고 공동 선언문을 발표하기도 했다. 물론 뉴욕의 한 철학자가 하버마스와 데리다를 각각 따로 만나 인터뷰해 책으로 묶은 것이지만, 둘 사이에 신뢰가 없었다면 결코 성사될 수 없는 작업이었다.

한 인터뷰에서 하버마스는 자신과 푸코 사이의 탈근대 논쟁은 논쟁이라기보다는 비판적 리뷰에 가깝다고 이야기했다. 맞다. 논쟁은 쌍방향이 되어야 성립하는 법이다. 하버마스는 또 비판적 리뷰에 대해 푸코가 기뻐할 줄 알았다고 이야기하기도 했다. 정말 그렇게 생각했을까? 어쨌든 그것이 하버마스식의 철학하기다. 그는 앞선 시대의 철학자든 그와 동시대를 살아가는 철학자든 상관하지 않고 '말 걸기'를 시도한다. 그들의 생각을 자기식으로 재정리해서 비판한다. 그것은 강연으로든 저술로든 마찬가지다. 그래서 하버마스가 쓴 책에는 시대를 달리하는, 또 연구 분야가 다른 수많은 사상가들이 하버마스의 틀 안에서 분해되고 재구성된다. 하버마스가 말을 거는 인물은 칸트와 헤겔, 니체와 같이 고전적 지위에 오른 철학자로 국한되지 않는다. 또 푸코와 데리다와 같이 동년배의 세계적 명성이 있는 인물에 한정되지 않는다. 때로는 세계적 명성에서 하버마스보다 뒤지는 인물도 조리대에 오르고, 때로는 그가 직접 가르친 제자도 등장한다.

"다년생 식물처럼 끈질기게 제기되는 문제들에
체계적으로 답할 것"

하버마스의 관심은 좁은 의미의 철학에 갇히지 않았다. 언젠가 하버마스 스스로 이야기했듯이 그는 철학자라기보다는 사회학자로 보는 편이 더 나을지도 모른다. 또 하버마스는 프랑크푸르트의 사회조사연구소에서 아도르노의 조교로 일하기 전에는 5년간 《프랑크푸르터 알게마이네 차이퉁》에 고정적으로 서평을 쓰는 프리랜서 저널리스트로 활동했으며, 지금도 사회의 현안에 대해 세계 유수의 매체에 기고하는 실천적 지식인(public intellectual)이기도 하다. 그래서 그를 소개할 때는 보통 철학자이며 사회학자 그리고 실천적 지식인으로 자리를 매긴다. 이러한 폭넓은 관심 때문에 그의 연구 영역은 역사학, 정치학, 심리학, 법학, 커뮤니케이션 이론 등을 두루 포괄한다. 최근에는 종교 문제와 국제평화 문제에도 깊은 관심을 보인다.

한 우물만 파도 바닥이 보이지 않을 만큼 날로 분화되고 전문화되는 최근의 학문 추세에서 어떻게 한 사람이 이 많은 분야를 두루 섭렵할 수 있었을까? 게오르게 리히트하임(George Lichtheim)이 "하버마스는 동년배들이 자기 전공 분야의 한구석을 힘겹게 정복하고 있을 때 과학이론, 지식사회학, 형이상학 등 방대한 서구의 고전을 깊

이 있게 이해하고, 이들을 하나의 새로운 지적 체계로 재구성해냈
다."라고 글을 쓴 것이 지금으로부터 40여 년 전인 1971년 《인식과
관심》이 출간된 때였다. 물론 그때는 하버마스가 독일 해석학에서
영미 분석철학의 성취를 접목한 '언어학적 전회' 또는 '화용론적 전
회'라고 불리는 본격적인 자기 철학을 수립하기 이전이었다. 그러
나 리히트하임의 그때 그 서평을 지금 그대로 인용한다고 해도 전혀
어색하지 않다. 하버마스를 인용할 때마다 거의 빠짐없이 등장하는
'세계에서 가장 영향력 있는 현존 철학자 중의 한 사람'이라는 형용
구를 그는 40여 년 동안 달고 다녔다.

　이러한 왕성한 활동은 어디에서 비롯됐을까? 하버마스의 건강이
유난히 뛰어나기 때문에? 그의 두뇌가 천재적이기 때문에? 아니다.
반드시 그렇지는 않다. 오히려 그 반대에 가까울지도 모른다. 하버
마스는 선천성 구순구개열 장애인(일명 언청이)이다. 다섯 살 때 수술
을 받았지만 여전히 그의 말은 알아듣기 힘들다. 2004년 교토상 수
상 연설에서 그는 개인 체험과 사상을 접목해 강연해달라는 주최 측
의 요구에 따라 그의 자전적 사상 편력을 강연했다. 그는 불명확한
발음 때문에 초등학교 시절에 아이들의 심한 놀림을 받았고, 요즈음
말로 말하면 '왕따'도 당했다고 했다. 그가 담화(Diskurs) 행위를 강조
하는 철학자가 된 것은 심한 아이러니다.

　하버마스는 머리를 순식간에 때리는 영감을 붙잡아 누구도 반박

할 수 없는 진리를 설파하는 천재형 철학자가 아니다. 오히려 그런 무오류성을 추구하는 철학의 위험성을 경계하고, 모든 지식의 최종 근거(Letzte Begrundung)가 되는 철학을 벗어나야 한다고 역설한다. 철학의 역사를 통해 보면, 자신이 철학의 문제를 깨끗하게 해결했다고 자부하던 철학자들이 있다. 또는 적어도 자신이 제시한 방식으로 접근하면 언젠가는 문제를 말끔하게 해결할 수 있다고 자신만만하게 이야기했던 철학자들도 있다. 하버마스는 그 대척점에 서 있다. 그는 자신이 항상 틀릴 수 있다고 생각한다. 만약 자신의 주장이 반박의 여지가 없이 완벽하다고 자부했다면, 그렇게 많은 이들의 주장을 세심하게 분석할 필요도 없었다.

하버마스는 독일의 시사 주간지 《디 자이트》에 젊은 시절부터 기고해온 실천적 지식인이기도 하다. 그의 기고문은 세계의 주요 매체에서 번역해 싣고 있다. 하버마스가 엄청나게 많이 읽고, 많이 쓰고, 지치지 않고 말을 건네고 듣는, 원동력은 그의 타고난 건강도 아니고, 그의 타고난 머리에서 나온 것도 아니라, 그의 철학하는 방식에서 나왔다고 봐야 한다.

해석학적 통찰을 외면하지 말 것, 해석학적 미덕들 가운데
그 어떤 것도 희생하지 말 것, 역사적 맥락에 언제나 촉각을 곤두세울 것,

언제나 반대 의견들의 장점을 염두에 둘 것, 그러면서도 의지와 의식이 이끄는 삶을 위한 이성적 정향을 찾아내려고 철학의 소명에 충실하고, 다년생식물처럼 끈질기게 제기되는 문제들에 체계적으로 답할 것.

이 말은 하버마스가 그의 본 대학 선배이자 친구이며, 또 평생 협력자인 카를-오토 아펠(Karl-Otto Apel)의 프랑크푸르트 대학 정년퇴임 기념 강연에서 아펠의 철학적 정향에 대해 언급한 말이지만, 아무런 수정 없이 하버마스에게 그대로 되돌려주고 싶은 대목이다. 정말 그랬다. 하버마스는 한때 화려하게 피어났다가 시드는 꽃이 아니라 다년생식물처럼 끈질겼다. 반대 의견에 세심하게 귀 기울였다. 그러나 항상 이성적 정향을 추구했고, 체계적으로 답했다. 그러려면 많이 읽고 쓰고 이야기를 나누어야 했다. 그것도 아주 끈질기게. 하버마스가 생각한 철학은 그런 종류의 것이었다.

철학은 비판으로서의 철학이 될 때, 훨씬 큰 역할과 할 일이 주어진다

하버마스는 독일의 파국을 경험한 전후세대다. 사춘기 시절 전쟁을 경험했고, 나치 독일이 패망한 1945년에 우리나라 중고등학교에 해당하는 김나지움(Gymnasium)을 마치고 본 대학에 들어갔다. 하버마스의 눈에 비친 독일 사회는 마치 아무 일도 없었다는 듯이 전쟁 이전으로 되돌아간 상태였다. 나치 독일이 저지른 전쟁과 홀로코스트(유대인 대학살)의 도덕적 파탄에 대한 비판적 성찰은 거기에 없었다. 철학적 분위기도 그랬다. 당시 유행처럼 번진 사르트르의 실존주의 철학 속에서 전쟁 전과 다름없이 하이데거 철학은 여전히 강한 위세를 떨치었다. 모든 것이 전쟁 이전의 모습 그대로였다. 도대체 독일이 전쟁 기간 무슨 일을 했는지 자각조차 하지 못하고 있는 불감증의 원인을 프랑크푸르트 학파 철학자들은 비판적 이성이 '도구적 이성'으로 전락했다는 점에서 찾았다. 부당한 권위의 정당성을 따져보지도 않고 단지 주어진 권위에 순응한 채, 그것을 '도구적 합리성'과 결합할 때 일어난 참극이 아우슈비츠 유대인 학살로 나타났다면, 이성이 비판적 측면을 상실하고 도구적 측면과 다시 결합할 때 또 어떤 비극이 일어날 것인가? 하버마스는 청년 시절 경도되었던 하이데거의 철학에서 벗어나 프랑크푸르트 학파의 비판이론에 합류했다. 철학은 기본적으로 '비판으로서의 철학'이라는 생각을 그는 선배 세대와 공유했다.

비판으로서의 철학이라는 화두로 하버마스는 지치지 않고 모든 철학적 전통을 비판해왔다. 그에게 철학은 더 이상 모든 학문에게 최종 근거를 부여하는 기초학문(Grundwissenschaft)이 아니다. 그래서 그는 플라톤과 아리스토텔레스 이후 제1철학을 자임해온 형이상학적 사고를 거부한다. 또 데카르트와 칸트에 이르러 제1철학의 위치를 새롭게 차지한 인식론, 또는 그가 즐겨 쓰는 용어로 바꾸면 의식철학(Bewußtseinsphilosophie)을 거부한다. 도대체 무엇이 형이상학과 인식론에 학문 중의 학문, 또는 모든 학문의 근거를 제공하는 '자리지킴이(Platzhalter)'라는 지위를 부여했는가? 그래서 하버마스는 탈형이상학 사고(Nachmetaphysisches Denken)와 의식철학에 사로잡히지 말 것을 요청한다.

그렇다면 철학이 그토록 사랑하는 참된 지식은 어떻게 구할 것인가? 진리와 이성 그리고 좋은 삶을 위한 기준은 어디에서 찾아야 한다는 말인가? 물리학자 스티븐 호킹이 도전적으로 선언한 것처럼 철학의 죽음을 깨끗하게 인정하고, 지식을 추구하는 인류의 노력에서 발견의 횃불을 들고 있는 과학에 그 역할을 넘기면 되는가? 아니면 과학은 또 하나의 형이상학이기 때문에 진리 추구라는 버거운 짐을 훌훌 벗고 주어진 맥락 속에서 각기 서로 다른 답을 찾아가면 되는 것인가?

하버마스는 새로운 길을 제시한다. 모든 인식은 언어에 삼투되어 있기 때문에 의식철학에서 언어철학으로 이행한 언어학적 전회 이후 그의 철학을 집대성한 《의사소통이론》 앞머리에서 하버마스는 "오늘의 철학은 더 이상 세계와 자연, 역사와 사회 전체를 모두 아우르는 총체적 지식의 지위를 주장할 수 없다."라고 선언한다. 이것은 그가 형이상학 이후, 또는 의식철학 이후, 도대체 철학은 왜 필요하며 무엇을 할 것인가 하는 스스로 제기한 질문에 대한 답이기도 하다. 그가 찾은 단서는 언어화용론을 통한 의사소통의 합리성이다. 하버마스는 방대한 분량의 이 책에서 시간과 공간 그리고 관심

스티븐 호킹

을 달리하는 많은 사상가들을 초대해 끈질기게, 그리고 체계적으로 대화를 나눈다. 그는 이 새로운 길을 통해 사회이론과 도덕, 법, 그리고 민주주의에 대한 이해를 깊게 하는 데 성공했다고 자부한다.

지난 20세기 후반기에 나온 저서 중에서 이미 고전적 지위에 오른 이 책 읽기에 도전해보기를 권한다. 그러나 숙제하듯 의무감에서 읽을 필요는 없다. 모든 비판적 학문은 철학과 같은 일을 한다. 이것은 하버마스가 한 말이다. 모든 철학, 모든 철학자에게 다 적용되는 이야기지만, 이해하기 힘든 철학 용어와 철학 사상을 암기하듯 무비판적으로 받아들이는 것은 철학하는 길이 아니다. 그 점에서 하버마스 철학은 읽고, 쓰고, 토론하는 법을 보여주는 모범적 사례다.